Déco

Nos adresses secrètes en Alsace

Caroline Boeglin
Valérie Dellenbach

Éditions du Signe

Sommaire

Intro

La déco nous a rapprochées. Une belle rencontre, qui a permis de tisser des liens d'amitié, l'échange fructueux d'idées, d'adresses, et l'envie de faire un projet à deux.

Conscientes que l'Alsace est marquée par une identité régionale très forte, souvent associée à notre folklore (la maison à colombage, les tuiles plates, le kelsch...), sa déco nous semblait, dans l'imaginaire collectif, comme figée dans le temps : désuète, touchante au mieux.

Toutes deux, viscéralement attachées à notre région et à ses traditions, nous avons voulu dépoussiérer cette image d'Épinal et montrer ô combien l'Alsace est moderne, créative et résolument *IN*.

L'Est devait devenir une évidence en Déco : la piscine allait s'entourer d'un deck en bois, la maison s'agrandirait, le béton et le bois allaient s'équilibrer, les maisons s'ouvriraient à la lumière, dans la vieille grange s'installerait un loft. On pénètrerait le secret d'une cour fermée et la poésie subtile d'une façade très colorée allait nous enchanter.

Que de beaux jours en perspective...

Notre carnet d'adresses était bien rempli, pourquoi ne pas le partager ? Et prolonger ainsi ce long fil d'amitié avec toutes celles et ceux qui, comme nous, ont ce même désir d'un habitat harmonieux et fidèle à leur image.

Caroline & Valérie

Revêtements sols et murs

1

Offrez-vous un petit relooking express!

Pensez d'abord peintures et papiers peints. Avec eux la maison dit adieu au terne et ose la vie en couleurs, audacieuse et éclatante.

L'on se sert des palettes de couleurs pour structurer l'espace, faire résonner les matériaux. Un seau, des pots de pinceaux et si l'on n'est pas au bout du rouleau, l'alchimie de la couleur opère : effets de bleus, effet de roses, vous donnez un coup de blush à vos intérieurs. A oser sur tous les tons.

De vraies lignes « haute couture » ont été élaborées par les plus grands noms de la déco.

De vos murs colorés, passez maintenant à vos sols!

Eux aussi méritent tout votre intérêt et participent au confort et à l'harmonie des lieux. Revêtements des murs et revêtements des sols doivent s'unir sans se trahir. Vous circulerez alors sur des sols qui répondront à vos exigences et à vos humeurs.

A vous, parquets anciens ou bétons contemporains, carrelages format XXL ou petits zelliges exotiques, moelleuses moquettes ou « clean » dalles de PVC. Tout est à l'ordre du jour pour que fouler vos sols devienne un petit luxe quotidien.

Murs et sols vous diront alors un grand merci pour les avoir marier avec tant de talent.

ADD

➤ Parquets

François Siebert, architecte de formation, n'a pas pignon sur rue, pourtant ce grand passionné d'essence de bois est devenu un fournisseur de référence dans la région. Basé en Rhône-Alpes, il se déplace chez vous avec ses échantillons et propose une très large gamme de parquets. Du classique parquet de chêne européen, en largeurs et finitions diverses, aux bois les plus exotiques. Cette société crée également des assemblages de matériaux très innovants, comme cette incrustation de verre dans un parquet de teck ancien... Rien ne l'arrête et puisque décidément il aime les revêtements de sol, pourquoi ne pas se laisser tenter par ses carreaux de ciment phosphorescent, qui délivrent comme les lucioles une agréable lumière dès la tombée du jour. Découvrez ses collections sur son site et n'hésitez pas à le contacter pour vos projets, petits et grands.

ADD - François Siebert
38138 Les Côtes-d'Arey
04 74 58 18 49 - 06 98 83 16 56
siebert@bamboutech.com
www.bamboutech.com
www.add-import.com

A.L.N.

➤ Revêtements en Zinc

Une idée très déco pour un mur de cuisine ou un sous-bassement dans un salon : le zinc, effet industriel garanti ! Ce revêtement léger et économique est très vite installé et sera du plus bel effet. Cette entreprise spécialisée dans la couverture de toits pourra vous procurer des plaques à vos dimensions. Un vrai bon plan.

A.L.N. - Alexandre Fuchs
54 rue du Lieutenant Jean de Loisy - 68100 Mulhouse
03 89 56 44 74

Alsacork Isolation

➤ Isolation et décoration en liège

Cette entreprise alsacienne est spécialisée dans la négoce et la vente de liège depuis plus de 20 ans. Utilisé par petites touches ce matériau apportera un cachet nature à votre déco. Travaillé de façon design il revient aujourd'hui dans nos intérieurs. En revêtement mural ou en plancher, les motifs sont variés et son pouvoir isolant peut répondre à des besoins plus techniques. Extraits des chênes-lièges du Portugal, les produits sont de qualité, 100% naturels, recyclables et sélectionnés avec soin. On peut lui donner différentes finitions : coloré, vernis, ciré, lissé.

Alsacork Isolation
Zone Artisanale Heilgass - 68230 Turckheim
03 89 27 61 92
www.alsacork.fr
Alsacork

Alsafloor

➤ *Revêtement de sols*

Une marque alsacienne de revêtement de sols développée par Alsapan : parquets, vinyles mais leur grande spécialité reste celle des stratifiés. Ils développent une gamme facile à poser soi-même avec leur technique Zip'n'go, des finitions rustiques, chêne, hêtre ou vintage adaptées à toutes les pièces de la maison y compris une gamme résistante à l'humidité.

Alsafloor par Alsapan
Z.I. - 1 rue de l'Europe - 67520 Marlenheim
03 88 59 29 89
www.alsafloor.com
Alsafloor

Atelier Poulaillon

➤ Peintre et artisan dominotier

Alexandre Poulaillon est peintre décorateur, passionné par le travail en trompe l'oeil et les pochoirs. Il découvre il y a quatre ans le travail des papiers dominotés et devient l'un des derniers artisans dominotiers en France. Il imprime et réédite de manière artisanale les premiers papiers peints en les adaptant au style contemporain. Il s'inspire des motifs anciens qui restent actuels et crée des papiers qui serviront à la décoration d'un mur, d'une porte de placard ou d'un objet comme les petits coffres qu'il fabrique. Vous pourrez faire appel à lui pour une peinture décorative, un décor au pochoir, à la feuille d'or, un travail de laque ou pour réaliser vos papiers peints à l'ancienne. On aime aussi beaucoup sa collection très élégante d'objets décoratifs.

Atelier Poulaillon - Alexandre Poulaillon
8 rue de Stalingrad - 68100 Mulhouse
06 89 30 29 86
www.atelier-poulaillon.com

Azimut

➤ Murs et plafonds tendus

Marie et son frère Matthieu se déplacent du nord au sud de l'Alsace pour proposer des solutions d'aménagement pour vos intérieurs, notamment la mise en place de plafonds et de murs tendus. Ils travaillent avec plusieurs fournisseurs de la région et en fonction de votre projet et de vos besoins, ils sauront vous orienter vers le produit qui vous convient. On aime leur dynamisme et leur sens du travail bien fait.

Azimut - Marie Buhart
1 rue de Copenhague - 67300 Schiltigheim
09 83 85 09 45
www.azimut-ati.fr
Azimut architecture textile intérieure

Batibois Alsace

➤ Parquets et revêtements muraux bois

Cette entreprise est connue pour sa large gamme d'essences de bois, y compris les plus exotiques. Elle travaille avec des fournisseurs sélectionnés avec soin. C'est ici que vous trouverez les dernières innovations en matière de finition et traitement du bois. Dans leur showroom on découvre des parquets bruts, finition vernis ou huilée, une large gamme de lambris, des moulures, et des revêtements muraux intérieurs ou extérieurs. Sur place vous serez conseillés par une équipe de professionnels chaleureux et sachez que leurs devis sont gratuits.

Batibois Alsace
ZI Nord - 6 rue des Frères Lumières - 68000 Colmar
03 89 20 14 14

4 rue Alcide de Gaspéri - 67380 Lingolsheim
03 88 78 98 05

2 rue de l'Industrie - 68400 Riedisheim
03 89 63 47 63

www.batibois-alsace.com

Batimieu

➤ Matériaux naturels pour l'habitat

Une adresse riche en découvertes et solutions pour qui veut passer en mode écologique dans sa décoration. Pour vos murs vous aurez le choix entre des enduits à base d'argile, teintés dans la masse et faciles d'application, des crépis à base de terre ou des peintures à base d'argile et surtout une très large gamme de peintures naturelles. Du côté des sols, la collection de Linoléum de la marque Linoplus est vraiment surprenante ; elle est à base d'huile de lin, de farine de liège, de bois, de résine naturelle et de toile de jute. On nous propose aussi des parquets au naturel, laqués ou vernis, des vinyles et une belle sélection de parquets en liège naturel à clipser de la marque Korkplus.

Le truc en +

Vous trouverez aussi tous les matériaux nécessaires à la construction et l'isolation.

Batimieu
17 allée Ettore Bugatti - 68000 Colmar
03 89 41 97 18
www.materiauxnaturels-colmar.fr
Matériaux Naturels Comptoir de l'Est

Caronérhin

À Mulhouse, un showroom de plus de 300 m² dédié à l'univers du carrelage. Plus de 6000 références pour habiller vos murs et vos sols intérieurs, et une large gamme pour aménager vos espaces extérieurs, vos margelles de piscine... Donnez un coup de jeune, il y en a pour tous les goûts et tous les budgets.

Caronérhin
14 rue du Printemps - 68100 Mulhouse
03 89 45 37 91
www.caronerhin68.com
Caronerhin Mulhouse

Chaux Michel Boehm & Cie

➤ *Enduits naturels*

Un lieu unique en Alsace : une exploitation de chaux de père en fils, en plein vignoble, qui ressemble à une mine de l'ouest américain. La pierre qui est transformée en chaux est extraite des collines voisines. Sylvain et son frère vendent aux professionnels et aux particuliers. La chaux est une matière première qui sert à la construction, à l'isolation, à la peinture, aux enduits. Mélangée à du sable, de la poudre de marbre ou des pigments, elle change de texture et de couleur. C'est un produit qui se travaille beaucoup en habitat écologique puisqu'il est à la fois respectueux de l'environnement et de la santé humaine. Avec un soutien technique et une petite formation vous pourrez fabriquer l'enduit de vos rêves et l'appliquer chez vous. Ici on vous conseille et on vous accompagne pour garantir un résultat. En choisissant de travailler la matière première vous faites aussi des économies.

Le truc en +

Un showroom est proposé pour montrer toutes les possibilités de la chaux dans l'habitat et la décoration.

Chaux Michel Boehm & Cie
Usine à chaux - Route départementale 118 - 67310 Dahlenheim
03 88 38 11 60
www.chauxboehm.fr
Chaux Michel Boehm & cie

Claire Meyer Seiller

➤ Peintre - Décorateur - Restaurateur

Claire, décoratrice de formation, sait combien architecture et matériaux, formes et couleurs sont à prendre en compte pour réussir un cadre harmonieux. Passionnée depuis toujours par les arts et traditons d'Alsace elle participe au renouveau du patrimoine alsacien et tout particulièrement à celui du plafond bois à décors peints. Si elle a été formée aux techniques ancestrales, elle peut également les remettre au goût du jour en les simplifiant et en les recolorant. Elle créera ainsi avec vous des décors personnalisés qui donneront une identité forte à vos intérieurs.

Claire Meyer Seiller
22 rue de la Fraternité - 68150 Ribeauvillé
03 89 73 72 29
www.decorpeint-clairemeyer.com

Claude Oberst

➤ Béton décoratif

Peintre de formation, Claude a découvert les bétons cirés dont il est devenu aujourd'hui un vrai spécialiste. Formé chez Mercadier, célèbre marque basée à Aix-en-Provence, il en connaît tous les secrets.

Claude Oberst
13 rue des Marchands – 67600 Sélestat
06 07 95 22 64

Clipso

➤ Plafonds et murs tendus à froid

Pour la construction et la rénovation, le mur tendu est un précieux allié de votre créativité et une solution pour vos envies de décoration originale. Ici la technique d'installation se fait à froid, à l'aide de baguettes fixées aux murs et aux plafonds, une installation propre et très rapide. Assez génial si vous avez un mur abîmé ou un plafond fissuré. Les toiles utilisées par Clipso sont en trame polyester enduites de polyuréthane, elles sont résistantes, lisses et répondent aux normes de l'éco-label Oeko-Tex et par-dessus tout made in France. Ces toiles peuvent être standard et imprimées avec le visuel de votre choix que vous fournirez ou que vous trouverez dans leur banque d'images. Il existe aussi des toiles translucides qui permettent un rétro-éclairage, particulièrement intéressantes pour les plafonds. Si vous avez des besoins en isolation phonique, leurs revêtements acoustiques sont très performants et peuvent absorber jusqu'à 90% des bruits. Ils sont aujourd'hui les seuls à proposer des largeurs allant jusqu'à 5,10m. Clipso est basé à Vieux-Thann, mais il suffit de les contacter pour être ensuite mis en relation avec un installateur près de chez vous.

Clipso
5 rue de l'Eglise - 68800 Vieux-Thann
03 89 37 10 84
www.clipso.com

clipso
ceiling & wall
www.clipso.com

Continuum

➤ Carrelages et papiers peints sérigraphiés

Voilà un atelier de création graphique et d'impression très particulier : Sarah et Fathi personnalisent vos objets et éléments de décoration. Ici la créativité n'a pas de limites, ils peuvent aussi bien imprimer un décor sur des carreaux de céramique à l'encre d'or qu'imaginer un paysage mural imprimé sur toile. Sarah est directrice artistique et Fathi s'occupe de la sérigraphie et des impressions. C'est une belle rencontre artistique et peut-être la réalisation de toutes vos envies.

Continuum - Sarah Lang et Fathi Khémissi
19A rue de Molsheim - 67000 Strasbourg
03 88 24 19 04 (Sur rendez-vous)
www.continuum-sxb.com

Design Pierres Naturelles

Si vous cherchez une belle pierre brute c'est ici que vous la trouverez : granit, grès, marbre, ardoise, calcaire, quartz, basalt ou pierre de Bourgogne, leur showroom s'étend sur plus de 200 m^2. La pierre naturelle se présente en dallages, en plaquettes de parement, en mosaïques en filets ou en produits finis comme des vasques de salle de bain. Si vous souhaitez un plan de travail ou un plan vasque, il pourra aussi être réalisé sur mesure.

Design Pierres Naturelles
6 rue du Haut-Koenigsbourg - 67390 Ohnenheim
03 88 08 74 19
www.carrelage-pierres-naturelles.fr
Design Pierres Naturelles Officiel

Farrow & Ball

➤ Peintures et papiers peints

La marque anglaise reste incontournable, leurs peintures sont réputées pour la profondeur des couleurs et l'utilisation de pigments et produits naturels comme les terres d'ombre, la craie, la pâte de chaux ou l'huile de lin. Le showroom de Strasbourg vient d'ouvrir ses portes et permet de découvrir le nuancier et les 132 couleurs ainsi que la gamme complète de papiers peints. Imprimés à la planche avec les peintures de la marque, ces papiers peints sont d'une grande finesse et les motifs sont géométriques, floraux ou à rayures mais toujours très élégants.

Farrow & Ball
1 rue de la Nuée Bleue - 67000 Strasbourg
03 90 20 08 40
www.farrow-ball.com
Farrow & Ball France

Le truc en +

Sandrine et Bérénice vous proposent un service de conseils couleurs à domicile.

Forgiarini

➤ Carrelage - Parquets

Le truc en +

Enfin dans le Haut-Rhin un magnifique showroom qui vient d'ouvrir à Sausheim.

Les sols, c'est une histoire de famille chez les Forgiarini depuis plus de 50 ans. Leurs espaces d'exposition sont répartis dans toute la région et on y trouve un large choix de carrelages, parquets, mobilier et équipements de salle de bain. On aime leur sélection de carreaux de ciment, très rétro, des effets de matières très tendance dans certains carrelages et puis leurs pierres naturelles toujours très belles. Une partie des produits sont fabriqués en Alsace, et la scierie est toujours en activité pour toute la partie bois. Vous trouverez des parquets massifs, des sols stratifiés et aussi un large choix pour vos terrasses extérieures.

Forgiarini Matériaux d'intérieur - Carrelage :
Z.A.C. - 4 rue Transversale C - 67550 Vendenheim
03 88 18 41 41

227 route Nationale - 67230 Kogenheim
03 88 74 70 20

Île Napoléon - 1 avenue du Général de Gaulle - 68390 Sausheim
03 89 59 51 51

Forgiarini Matériaux bois - Parquets :
21 rue du chemin de fer - 67450 Lampertheim
03 88 18 20 01

www.forgiarini.net
Forgiarini SAS

Koubaï

➤ Peintures et produits écologiques

Voici une marque de peinture produite en Allemagne et conditionnée à Hoerdt. Ces produits participent à votre bien-être car, en régulant la vapeur dans votre habitat, elle absorbe les odeurs et la poussière n'y adhère pas. Elle s'utilise de façon classique sans formation particulière et surtout elle casse les préjugés sur la peinture écologique quand on voit la gamme de teintes proposées. De la sous-couche au vernis et huiles de finition, toute leur gamme répond aux besoins de la maison. La peinture décorative est à base d'argile, elle est idéale sur les supports en terre ou sur les Placoplâtre et Fermacell classiques. Pour les amateurs de naturel vous trouverez aussi une peinture à la caséine à teinter avec des pigments, et pour les professionnels de nombreux produits plus techniques comme la peinture de dispersion résistante à l'abrasion.

Le truc en +

Prenez contact avec le siège. Ils se déplacent chez vous. Le nuancier est visible sur leur site.

Koubaï
Z.I. - 14 rue Gutenberg - 67720 Hoerdt
03 88 64 16 64 (sur rendez-vous)
www.peintures-koubai.com

Lutz Parquet

Un petit tour loin de l'effervescence du centre ville pour découvrir un de nos grands coups de cœur en matière de parquet. Vous y trouverez des marques exclusives dans le grand Est comme les belges Di Legno, un must en matière de chêne vieilli à l'ancienne, patiné et usé juste comme on aime. D'autres marques comme Solidfloor, Lamett, Boen, Panaget ou Bauwerk viennent étoffer la gamme qui reste avant tout élégante et qualitative. Vous trouverez aussi un service complet de rénovation, ponçage, vitrification et entretien de vos parquets anciens ainsi qu'un accompagnement avisé en décoration d'intérieur.

Lutz Parquet
6 rue de Ribeauvillé - 67100 Strasbourg
03 88 44 30 01
www.parquets-lutz.com

Monnier Béton

➤ Bétons décoratifs

Depuis 2006 Patrick travaille le béton sous toutes ses formes : revêtements, escaliers intérieurs et extérieurs, béton ciré, coloré ou imprimé pour vos sols et vos murs. Quel que soit votre support il saura s'adapter et vous conseiller, ses techniques ont également fait leurs preuves en rénovation.

Monnier Béton - Patrick Monnier
131 rue de la 1ère Armée Française - 68790 Morschwiller-le-Bas
06 21 24 48 03 - 03 69 19 11 00
www.beton-decoratif-68.com

Ô Design Mural

➤ Enduits en relief

Les enduits en reliefs : un vrai coup ce coeur et une alternative à la peinture et aux papiers peints. Carine de Marin est designer mural, elle crée des motifs et les applique sous forme d'enduits sur nos murs intérieurs, nos portes de placard et même nos façades extérieures. Elle nous propose une solution décorative innovante, qui mêle le travail de la matière à des motifs tout en finesse et très tendance.

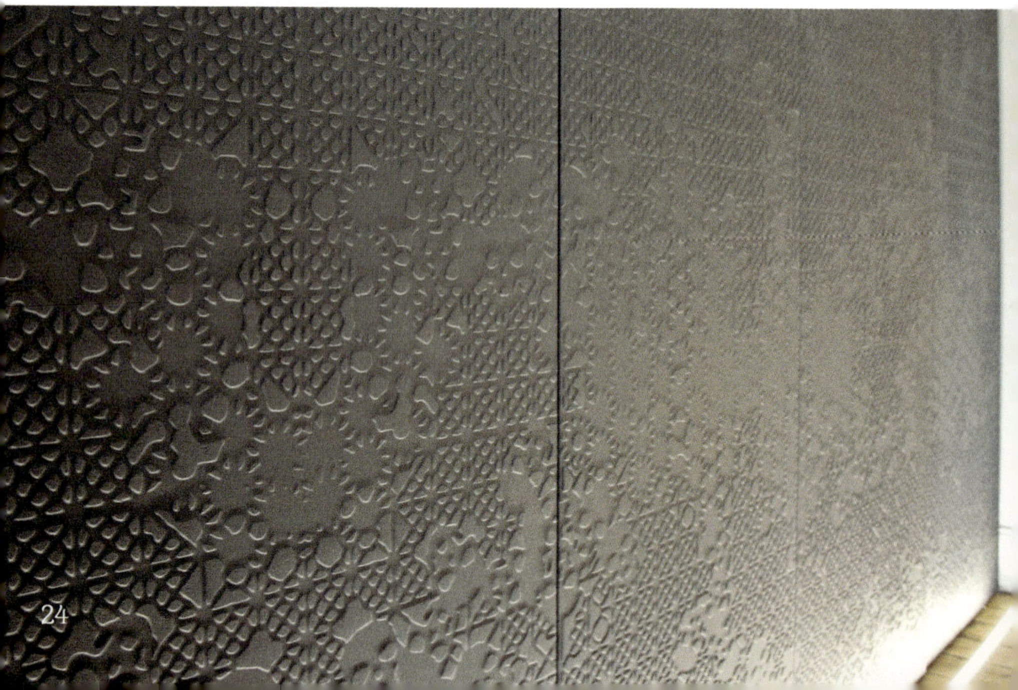

Les Ô reliefs sont de véritables sculptures sur les murs et apportent de la matière et racontent une histoire. On les verrait bien sur un sous-bassement dans un couloir, sur le mur principal de votre salon ou dans une montée d'escalier. Les motifs peuvent être choisis dans le catalogue de ses créations ou bien réalisés sur mesure d'après vos envies.

Les Ôrizons viendront customiser des façades de cuisine obsolètes, des portes de placard ou n'importe quel meuble de votre choix. Carine a dessiné pour cette gamme une collection de neuf motifs, en s'inspirant de formes d'autrefois qu'elle revisite. Pour vos agencements et cuisines neuves, elle travaille en collaboration avec l'entreprise Wanner (voir p. 50).

Les Ôdenatures sont des enduits spécifiques pour nos murs et façades extérieures, une belle façon de personnaliser sa maison ou sa terrasse. Les motifs sont adaptés aux contraintes de ruissellement de l'eau et réalisés avec les produits techniques de Topo Bati et Sto.

Ô Design Mural - Studio Ô - Carine de Marin
15 rue de l'Arsenal - 68100 Mulhouse
06 18 66 77 38
www.odesignmural.fr
Carine de Marin

Osmoze

➤ Stickers design et contemporains

Franck Blériot apporte de la poésie dans notre quotidien. Il dessine et imagine des créations graphiques qui sont ensuite transposées sur des supports adhésifs et des stickers faciles à poser. L'atelier de fabrication est en Alsace et il travaille avec le monde entier pour des espaces publics mais aussi pour les particuliers qui souhaitent valoriser un mur ou un plafond et personnaliser leur déco. Vous pouvez faire appel à eux pour une commande et une envie précise ou alors trouver le sticker de vos rêves sur leur site de vente en ligne parmi les 400 motifs proposés.

Osmoze
7 rue des Violettes - 67150 Nordhouse
03 69 32 01 40
http://eshop.osmoze.fr/
www.osmoze.fr
Design Mural Osmoze Sticker Design et Contemporain

Peintures Erika

➤ *Peintures et produits écologiques*

Une adresse incontournable quelles que soient vos envies de déco. Des peintures 100% made in Alsace conçues dans la Vallée de la Bruche par la société LCTP. Elles sont respectueuses de l'environnement, à fort pouvoir couvrant, et proposées dans une gamme de teintes infinies et sur-mesure. A tester tout particulièrement, les peintures thermo-chromiques qui changent de couleur en fonction de la température, génial pour repeindre une chaise d'enfant. Étonnante, la peinture aux senteurs d'orange ou encore l'effet tableau noir aimanté, toujours en conception écologique bien sûr. Les produits Ligne Verte sont très faciles d'utilisation, sans solvant, sans COV, une gamme écologique qui va de la sous-couche aux vernis de finition. Cathy Marck vous reçoit en toute convivialité et relèvera n'importe quel défi. Elle et son équipe réalisent toutes les peintures ou produits à appliquer sur n'importe quel support, il suffit de demander.

Le truc en +

Un samedi par mois venez avec vos projets, Valérie Dumas, décoratrice d'intérieur chez DécoêSens vous conseille gratuitement sur le choix des produits et couleurs.

Peintures Erika
LCTP - La Fabrique de Couleurs
3 rue Bellevue - 67130 Mulbach-sur-Bruche
03 88 47 39 49
www.peintures-erika.fr
Peintures Érika

Quai du carrelage

Un showroom unique dans la région et un vrai coup de coeur pour leur sélection très tendance avec une mention spéciale pour leurs mises en scène très déco. On retrouve nos chers carreaux de ciment si vintage déclinés dans plusieurs motifs, couleurs et tailles, de grandes dalles effet béton ciré, des parements élégants, des effets parquets bluffants. Pour la cuisine leurs crédences sont loin d'être banales, de la brique aux effets métallisés ils personnalisent nos intérieurs jusqu'au bout. Nouveauté : pour les amateurs de béton ciré, découvrez la gamme Kerakoll. Une marque italienne de revêtements révolutionnaires qui permettent de réaliser des douches, sols, enduits aux murs et finitions sur parquets, très design !

Quai du carrelage
120 rue de l'Île Napoléon - 68170 Rixheim
03 89 43 04 46
www.quaiducarrelage.fr
Quai du Carrelage

Resiway

➤ Moquettes de pierres

Cette entreprise démarre dans la région mais a déjà plusieurs années de production derrière elle. Elle nous propose des revêtements de sol intérieur et extérieur à base de résine mélangée à du marbre, c'est la Terrazine. Le rendu est très design et c'est aussi très agréable au toucher. Ben et son équipe sont aussi capables de réaliser des sols en résine teintée dans la masse, avec une finition mate ou brillante, voire avec des effets métallisés. Cette résine autonivelante s'applique sur un ancien carrelage ou parquet.

Resiway
2 route de Kirchheim - 67520 Marlenheim
03 88 19 30 82
www.resiway.fr
Resiway

Ressource

➤ Peintures et enduits

C'est un des derniers fabricants de peinture français indépendants. On aime leurs couleurs profondes, poudrées et ce nuancier qui a pour vocation de sauvegarder le souvenir du passé tout en étant le reflet des tendances d'aujourd'hui. On s'inspire des collections de couleurs signées par des grands noms de la création comme Serge Bensimon par exemple. Et on se laisse volontiers tenter par leurs peintures à effet : enduit minéral à la chaux fine, enduit romain, subtiles patines ou chaux brossée.

Ressource en Alsace chez :
Lisème Strasbourg
2 quai Finkmatt - 67000 Strasbourg
03 88 23 08 29
www.deco.liseme.com

Sièges et Décoration Kuster
38 route de Wettolsheim - 68420 Eguisheim
03 89 41 18 24
www.kuster-decoration.com

Capon Décoration
42 avenue du Président Kennedy - 68200 Mulhouse
03 89 42 44 60
www.mulhouse-capondecoration.com

www.ressource-peintures.com

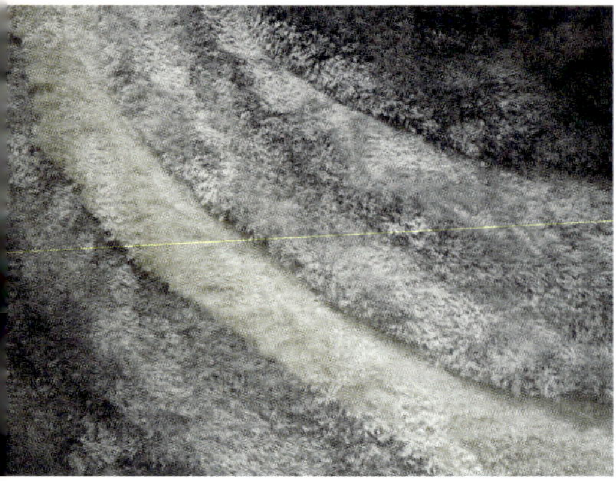

Saint Maclou

➤ Revêtements de sols

Une adresse incontournable pour qui cherche un revêtement de sols. Vous aurez l'embarras du choix : parquets massifs ou contrecollés, stratifiés, moquettes synthétiques, jonc de mer et sisal. Mention spéciale pour leur choix de moquettes en laine écologique, très épaisse, facile d'entretien et très abordable. Pensez-y : une découpe sur mesure de moquette peut aussi remplacer un tapis XXL. Pour vos entrées, vous trouverez ici des tapis brosse à la découpe. Vous repartez avec votre achat « sous le bras » ou vous choisissez la pose par des professionnels avertis. N'hésitez pas à vous faire conseiller, leur équipe est très dynamique, avec un petit coup de cœur pour Claudine Wagner, plus de 30 ans de maison, qui maîtrise à la perfection toutes les techniques de pose.

Saint Maclou
Route de Brumath - 67450 Lampertheim
03 88 20 56 83
www.saint-maclou.com

Singer Parquet

Le truc en +

Il se déplace dans toute la région.

Jacky, qui a pris la relève de son père dans la vallée de Munster, est né dans le bois. Ses précieux conseils vous aideront à choisir l'essence de bois et le style de votre futur parquet. Son showroom est très vaste et bien agréable. Difficile de ne pas trouver son bonheur ! Il peut aussi prendre en charge la pose, et propose un service d'entretien et de vitrification.

Singer Parquet
2A rue de la poste - 68140 Griesbach-au-Val
03 89 77 33 67
www.singer-parquets.com

SPE

➤ Peintures, revêtements de sols et papiers peints

Des adresses du nord au sud de la région pour satisfaire tous nos besoins en décoration. Les références en papiers peints sont vertigineuses : effet de matières, pailles japonaises, géométriques, spécial enfants sans compter des marques de qualité comme Elitis, Casamance ou Hookedonwalls. Côté sols, un large choix de parquets, sol vinyles, moquettes et bétons cirés. Pour la peinture on aime leur service de couleur sur-mesure. Vous venez avec une envie de couleur, ils la réalisent pour n'importe quel support (murs, boiseries, sols..).

SPE
74a rue de la Plaine des Bouchers - 67100 Strasbourg
03 88 65 61 76

6 rue du Rhin - 68000 Colmar
03 89 23 09 83

1 avenue de Hambourg - 68110 Illzach
03 89 42 48 03

www.spe-tc.fr
SPE

Strasbourg Carrelage

Chez Edith et Vincent Matter vous trouverez un très grand choix de carrelages, faïences murales, dallages, ardoises d'origine française, italienne, espagnole et portugaise. Ils proposent aussi une large gamme de mosaïques en verre, grès cérame, pierres naturelles ou galets. Dans leur showroom de plus de 350 m^2 on s'équipe aussi pour la salle de bain en receveurs et caniveaux de douche, meubles et accessoires. L'équipe est dynamique et chaleureuse, on se laisse volontiers guider.

Strasbourg Carrelage
25 rue du Maréchal Lefebvre - 67100 Strasbourg
03 88 43 00 30
www.strasbourgcarrelage.com
Strasbourg Carrelage

Techno Chape 68

➤ Bétons décoratifs

C'est le spécialiste de la chape, qu'elle soit traditionnelle ou liquide. Cette entreprise est sérieuse et trouve une solution à tous vos besoins. Ce qui nous plaît tout particulièrement, c'est tout le volet décoration de leur activité avec leurs bétons cirés, quartzés ou désactivés. Dans tous les cas la base est la même, seule la finition change. A vous de choisir !

Techno Chape 68 - Cédric Zisswiller
7 rue du Bigarreau - 68260 Kingersheim
03 89 52 60 60
www.technochape.fr

Yogja Deco

➤ Revêtements exotiques et Teck recyclé

Stéphane est un passionné de matériaux exotiques, sa grande spécialité ce sont les gazebos indonésiens pour nos jardins, on vous en parle p. 222 (« Fleurs et extérieur »). Mais si vous cherchez un revêtement original, il pourra vous proposer des parements de pierres, de bois et des parquets exotiques. Nous avons beaucoup aimé sa gamme en teck recyclé qu'il propose sur-mesure. A partir des chutes de ce bois asiatique qu'il travaille en grande quantité, il peut fabriquer des volets, un habillage de cuisine ou encore un parquet type Versailles. Le résultat est vraiment bluffant.

Yogja Deco - Stéphane Rudinger
1 rue Traversière - 67310 Westhoffen
06 38 82 15 64
www.yogja-deco.com
YOGJA DECO

2 Cuisines, salles de bain et agencements

Au fil des modes et des tendances

nous accumulons des objets divers.
Alors que nos logements sont de plus en plus petits, nos besoins de rangements se font de plus en plus grands ! C'est ainsi qu'est né l'agencement d'intérieur sur mesure et tout le savoir-faire qui va avec. Désormais chaque bibelot trouvera sa place, chaque centimètre carré sera optimisé pour repousser l'espace de nos intérieurs contemporains. La cuisine se rhabille de meubles intégrés, l'électroménager disparaît derrière des façades coordonnées, et ce nouvel espace devient multifonctionnel : on y mange, on y travaille, on s'y détend.
La cuisine pièce à vivre continue de séduire.
La salle de bain devient vrai salon de bain pour petits et grands et nos placards feront des miracles pour cacher tout notre « grimble ». Vive les rangements !

Alba Design - Cuisines Poggenpohl

Guy Beyler est architecte d'intérieur, il propose bien sûr l'aménagement complet de vos intérieurs avec une sensibilité toute particulière pour des rénovations alliant matériaux contemporains et respect de l'ancien. Vous trouverez aussi dans son showroom une belle sélection d'objets, mobilier et luminaires design mais ce qui nous plaît tout particulièrement ce sont ses cuisines. Il travaille avec la marque allemande Poggenpohl, des cuisines fabriquées sur demande, il n'y en a pas deux identiques. Dans la fabrication, le savoir-faire artisanal se mêle aux nouvelles technologies pour une planification intérieure optimale. Découvrez la collection P'7340, cuisines horizontales avec un caractère masculin réalisées en collaboration avec Porsche Design.

Alba Design - Cuisines Poggenpohl - Guy Beyler
5a quai Finkmatt - 67000 Strasbourg
Alba : 03 88 32 40 07 - Poggenpohl : 09 62 58 49 89
www.alba-design.fr

Ateliers Damien Lacourt

➤ *Ebéniste*

Cet artiste dans l'âme réalisera avec la même créativité un meuble plaqué d'essence de bois précieux, un dressing épuré et fonctionnel ou une marqueterie abstraite à accrocher au mur. Ce contemplateur de la nature apporte sa sensibilité dans ses créations, il vous fera découvrir le bois et ses nombreuses facettes. Vous pouvez lui faire confiance pour réaliser tous vos agencements avec finesse et toujours sa touche créative.

Ateliers Damien Lacourt
8 rue des Bouchers - 67117 Quatzenheim
03 88 28 21 22
www.ateliersdamienlacourt.fr

Au Reflet de l'Ancien

Oui, nous aimons encore nos cuisines rustiques, solides et rassurantes qui sentent bon la cuisine mitonnée et les confitures maison. Chez cet agenceur vous pourrez jouer avec leur gamme Initiale et choisir vos portes à panneaux en chêne cérusé, patiné, peint pour une personnalisation toute en souplesse et une ambiance des plus chaleureuses.

Au Reflet de L'Ancien
Hall d'expo Z.A. Sud - 67350 Niedermodern
03 88 07 67 17 - 06 86 08 18 58
www.au-reflet-de-lancien.com

Cedam

➤ ***Bains - Dressing***

Le paradis de la salle de bain et du dressing. Un showroom qui change sans cesse d'ambiance avec 28 collections de meubles de bain chaque année. Cette entreprise familiale est devenue l'un des spécialistes français de la salle de bain et de l'aménagement modulaire. Tout le mobilier est assemblé sur place dans leurs ateliers. On y trouve des collections résolument contemporaines ou plus intemporelles mais toujours réalisées dans un choix de matériaux et composants de qualité. Vous avez le choix entre des éléments standards ou sur-mesure. On aime tout particulièrement leur gamme de 13 baignoires en îlots design. Attention, ils ne peuvent pas vendre en direct leurs salles de bain, ils vous orienteront vers un revendeur. En revanche vous pourrez trouver le dressing de vos rêves et le concevoir sur mesure.

Cedam
Z.A.E. Sud - 1 rue de l'Expansion - 67212 Obernai
03 88 49 95 55
www.cedam.fr

Cuisines MM

Fort de ses 30 ans d'expérience en agencement d'intérieur, Marcel Meyer réalisera votre cuisine, votre salle de bain ou vos espaces de vie. Ces pièces à vivre seront réalisées en fonction de vos besoins et de vos goûts, qu'ils soient classiques ou plus contemporains. A noter qu'ils sont concessionnaires La Cornue. Vous pourrez donc y commander votre fourneau « haute couture », fabriqué à l'unité selon votre cahier des charges ou choisir un modèle « confection », la CornuFé qui avec son prix attractif dynamisera votre cuisine. Il pourra également vous proposer une cuisinière Lacanche ou l'emblématique AGA. C'est LE spécialiste du fourneau en Alsace !

Cuisines MM
Fabrication et showroom
Rue de Dambach-la-Ville - 67750 Scherwiller
03 88 92 06 25

Showroom
Île Napoléon - 29 rue des Trois Frontières - 68110 Illzach
03 89 61 98 44

www.cuisines-mm.com

Cuisines Mentele
8 quai Kellermann – 67000 Strasbourg
03 88 23 72 80

Île Napoléon - 29 rue des Trois Frontières - 68110 Illzach
03 89 61 81 60

Envie

➤ Electroménager d'occasion

Un vrai bon plan si vous avez un petit budget pour acheter votre électroménager. Cette entreprise d'insertion collecte les appareil électriques et électroniques usés et les répare dans ses ateliers pour les revendre ensuite aux particuliers à des prix défiant toute concurrence. Un vrai geste pour l'environnement et une démarche d'économie sociale et solidaire. On y trouve un grand choix d'appareils de cuisson, pour le froid et le lavage. Tous sont garantis un an. Le stock varie beaucoup et sachez que vous trouverez aussi des pièces détachées, des équipements pour les professionnels et un rayon fort sympathique d'appareils vintage.

Envie
6 rue Herrade - 67200 Strasbourg
03 88 10 04 30
www.envie-strasbourg.com

154 route d'Ingersheim - 68000 Colmar
03 89 27 45 80

58 avenue de Belgique - 68110 Illzach
03 89 50 25 84

www.envie.org

Friedel Ebéniste

➤ Cuisines - Bains - Agencements

Alain Friedel et son équipe travaillent toutes les essences de bois, des locaux comme le chêne aux plus exotiques comme le Zebrano. Ils conçoivent volontiers une bibliothèque originale, une cuisine équipée, une salle de bain en bois ou l'agencement complet de votre intérieur. On aime leur convivialité et le respect du travail bien fait.

Friedel Ebéniste
3 rue du Héron - 67300 Schiltigheim
03 88 83 34 01
www.friedel-ebeniste.com

Horus

➤ Robinetterie

Assemblés dans les ateliers en Alsace, les robinets Horus sont distribués chez des revendeurs en France et dans le monde entier. On aime l'élégance de leurs collections, qu'elles soient vintage ou très contemporaines elles subliment nos pièces d'eau et peuvent aussi répondre à des problématiques plus techniques. Ils proposent également une palette très large de finitions : du chrome jusqu'au noir mat en passant par des nickel mat ou des vieux bronzes, vous créez votre robinetterie sur mesure. Jetez un oeil sur leur catalogue en ligne et contactez-les pour connaître le distributeur près de chez vous.

Horus
20 rue du Général Leclerc - 67210 Obernai
03 88 49 44 00 (Sur rendez-vous)
www.horusfrance.com
Horus

L'Espace Sifferlin

➤ Cuisines et agencements

Une adresse que l'on aime tout particulièrement pour la créativité débordante de ses équipes. Pour toutes les pièces de la maison, cette entreprise conçoit et fabrique du mobilier et des solutions d'aménagements ingénieux et toujours très esthétiques : cloisons amovibles, placards dérobés, rangements malins, bibliothèques nomades... Un petit showroom entièrement consacré à la cuisine vous permet de planifier votre projet en toute convivialité. Cuisines suspendues, dans un petit espace, en résine, en bois teinté dans la masse ou en pierre, les matériaux sont variés et votre cuisine ne ressemblera à aucune autre.

L'Espace Sifferlin - Aline Bachmann
6a quai Kellermann - 67000 Strasbourg
03 88 37 59 72
www.sifferlin.com
Sifferlin

L'Arche du Bois

➤ Cuisines - Bains - Agencements

Une entreprise au service du beau. Que vous soyez professionnel ou particulier, l'agencement c'est leur métier. De la conception à la pose vous serez entouré d'une équipe dynamique et créative. On aime leurs réalisations ambitieuses et ce maintien du savoir-faire dans leurs ateliers de production. Ils travaillent tous les bois et sont aussi agréés Corian®. Cette résine allie la robustesse du marbre à la douceur du satin et permet de concevoir sur mesure des plans de travail, vasques, douches et autres surfaces. Les possibilités de formes et finitions en couleurs, motifs et incrustations sont infinies. Vous pourrez leur demander un meuble en bois vieilli ou une cuisine complète, un plan de travail sur-mesure en résine ou une salle de bain sous des combles. Dans le choix des matériaux et l'optimisation de l'espace, ils sont forts de propositions et s'adaptent à vos envies. De belles rencontres en perspective.

Le truc en +

Ils ont créé la cuisine Easy qui répond aux problématiques des séniors et des personnes à mobilité réduite. Elle associe utilisation autonome, ergonomie et lignes esthétiques.

L'Arche du Bois
10b rue du Cimetière - 67280 Niederhaslach
03 88 50 96 96
www.arche-du-bois.com
L'Arche du bois

L'Autre Cuisine

Une fabrication artisanale de grande qualité pour ces cuisines qui ont un look bien marqué avec des matériaux traditionnels (chêne, pierre bleue du Hainaut) au service de lignes résolument contemporaines. Ce côté déco belge que l'on aime tant. Un petit clin d'œil pour leur îlot « petit déjeuner » qui sait se cacher une fois le café et les croissants dégustés.

L'Autre Cuisine
40 rue principale - 68540 Feldkirch
03 69 76 70 93 - 06 23 97 80 36 (Salle d'expo uniquement sur RDV)
jc.andre@lautrecuisine.fr

Lavibien

Lavibien vous accueille dans son showroom pour vous faire découvrir ses équipements haut de gamme en électroménager ainsi que ses cuisines équipées. Nous nous sommes particulièrement intéressées à son modèle en verre laqué. C'est l'énergie commune de Miele et de Häcker Kuchen qui a permis l'harmonisation parfaite de l'appareillage et des façades jusqu'au plus petit détail des poignées. Cette cuisine peut être déclinée en noir ou en blanc. Et jolie idée, Philippe le responsable du magasin, chef amateur, viendra cuisiner un repas digne des plus grands dans votre nouvel espace de vie. Appel à tous vos amis !

Lavibien
18 rue du Doubs - 67100 Strasbourg
03 88 55 90 95
www.lavibien.fr
Lavibien

Léo Cuisine - Techni Cuisin Bains

➤ Cuisines - Bains - Agencements

Patrick, Martine et Geoffrey Léonhardt vous accueillent dans leur studio showroom convivial et prennent le temps de comprendre vos besoins. Ils assurent la conception, la mise en oeuvre et le service après-vente et ont su s'entourer d'un réseau d'artisans fiables. Pour une cuisine, par exemple, ils proposent un aménagement global avec la transformation de vos revêtements de sols, de murs, du système électrique et du sanitaire. Un point fort que l'on aime souligner. Le suivi de chantier et la vraie prise en charge avec un seul et unique interlocuteur est vraiment réconfortant.

Léo Cuisine - Techni Cuisin Bains - Patrick Léonhardt
1a rue des Acacias - 67120 Ernolsheim-sur-Bruche
03 88 96 17 97
www.techni-cuisin-bains.fr
Léo Cuisine - Techni Cuisin Bains

No Name kitchen manufacture

➤ Cuisines

Des cuisines d'exception imaginées et conçues par Roland Szele et son équipe. Cet entrepreneur a fait ses marques au sein d'une grande enseigne de cuisinistes haut de gamme avant de lancer son propre concept. Loin du marketing et du formatage il veut libérer ses clients des contraintes pour réaliser des projets ambitieux et osés. Une rencontre avec le design, l'architecture et l'émotion.

No Name kitchen manufacture - Roland Szele
1 rue des Peupliers - 68920 Wettolsheim
03 89 41 02 43
www.nn-kitchenmanufacture.com
No Name kitchen manufacture

Atelier d'Art

Jean-Marie Spendel est « né dans les copeaux » ! Son père déjà était maître-ébéniste et c'est avec lui qu'il a appris à restaurer l'ancien et pris goût au vieux bois. Menuisier-agenceur, il s'est spécialisé dans l'aménagement intérieur. Il vous fabriquera une stub « vieille de 200 ans ! », une cuisine patinée à souhait ou une charmante cabane de jardin. La menuiserie, le charme en plus.

Atelier d'Art - Jean-Marie Spendel
28 Grand Rue - 67140 Barr
06 11 24 39 39
atelier.barr@gmail.com

L'Atelier de la Brocante

Cet ébéniste passionné entrepose dans son atelier des matériaux anciens : poutres, parquets, portes, fenêtres, planches de toutes les largeurs ou encore des soubassements. Il réalise pour vous une cuisine avec de vieilles planches ou crée un parquet ou un plafond à l'ancienne. A partir de vieilles portes, il imagine un dressing sur mesure ou apporte une touche insolite en installant un cadre de fenêtre ancienne dans votre couloir. Il propose aussi des meubles chinés et des matériaux anciens pour vos extérieurs.

L'Atelier de la Brocante - Sébastien Deiber
59 impasse du Général de Gaulle - 67640 Fegersheim
06 87 01 07 36 - 03 88 68 52 28
sdeiber@live.fr
www.atelierdelabrocante.net
Atelier de la Brocante

Jean Rapp

➤ *Ebéniste*

Ce passionné de bois ancien est avant tout un artiste. Il réalise pour vous toutes sortes d'aménagements : dressings, alcôves, portes à l'ancienne, lits d'enfants façon cabanes, tables en bois massif. Il pourra aussi poser un plancher ou un plafond anciens, réaliser une cuisine entière en vieux bois ou restaurer vos portes anciennes. Son énergie et ses connaissances sont contagieuses, sa créativité est sans limites. Il maîtrise aussi les patines pour vieillir du bois neuf.

Jean Rapp
42 rue Principale - 67310 Rangen
03 88 87 18 83
Ebénisterie RAPP

Pascal Soerensen

➤ ***Menuisier décorateur***

Le truc en +

Pascal saura vous apporter de précieux conseils en décoration, faites confiance à son oeil d'expert !

Cet ancien étalagiste-décorateur se passionne il y a quelques années pour le travail du bois et plus particulièrement du bois ancien. Aujourd'hui il vous propose des cuisines, dressings, bibliothèques, plafonds, portes, bardages murs et toutes les réalisations en bois avec une technique de patine à l'ancienne ou en utilisant des bois naturellement vieillis. Effet authentique garanti, avec les codes esthétiques d'aujourd'hui. Il reproduit à merveille les portes alsaciennes à l'ancienne avec du bois récupéré. Il est aussi très doué pour imaginer des cuisines et des salles de bain empreints d'authenticité : une douche habillée d'anciennes tuiles plates, une salle de bain bardée de vieux bois avec une baignoire sur pied. Pas de fausses notes dans ses cuisines où l'électroménager est camouflé derrière des habillages en vieux bois et toujours dans le souci du détail avec des finitions impeccables. Et par-dessus tout une belle rencontre !

Pascal Soerensen
6 place de l'Ecole - 67270 Saessolsheim
06 09 49 79 66
pascal.soerensen@orange.fr

Premier Plan Strasbourg

Caroline et Nathalie sont architectes d'intérieur, elles vous accueillent dans leur showroom strasbourgeois pour concevoir votre cuisine et pourquoi pas réaménager vos pièces à vivre. On aime leur vision de la cuisine : chic et conviviale, intelligente et épurée. Elles prendront le temps de comprendre vos besoins et sont attentives au bon suivi de chantier. Premier Plan est une franchise qui propose des matériaux de fabrication allemande et qui laisse ses revendeurs libres de concevoir sur-mesure avec un large choix de couleurs et matières.

Premier Plan Strasbourg
Caroline Gnaedig et Nathalie Masselot
7 rue de la Nuée Bleue - 67000 Strasbourg
09 67 28 25 46
www.premierplan-strasbourg.com
Cuisines Premier Plan Strasbourg

Wanner

➤ *Cuisines - Bains - Agencements*

Le truc en +

Ils se déplacent du nord au sud de la région et même outre-Rhin.

Une entreprise familiale qui fabrique depuis 30 ans tous ses meubles dans les ateliers attenants au showroom. Stéphane et ses équipes sont constamment à la recherche des matériaux originaux que personne ne propose. Il réalise des salles de bains et des agencements d'intérieur très complets et sa grande spécialité ce sont les cuisines. Toutes équipées, élégantes, fonctionnelles et uniques, elles s'intègrent parfaitement à vos intérieurs. Stéphane garantit le sur-mesure et le service après-vente rapide y compris sur l'électro-ménager. On aime le sérieux de leurs équipes et le souci du travail bien fait. Dès le premier coup de crayon les concepteurs designers s'investissent dans votre projet et prennent un réel plaisir à imaginer de nouvelles lignes, qu'elles soient contemporaines ou plus rustiques, elles seront à votre image.

Wanner - Stéphane Wanner
7 rue de Hésingue - 68220 Wentzwiller
03 89 68 61 60
www.cuisines-wanner.com
Agencement Wanner

Boutiques déco et mobilier

3

Le mobilier et les objets déco qui nous entourent sont les « pièces maîtresses » de notre intérieur.

Pour la plupart ils vont nous suivre, peut-être même toute une vie. Leur choix est donc déterminant pour créer l'intérieur rêvé. Il est rare de partir de rien, l'on a tous un vieux meuble hérité auquel on tient, un bureau d'étudiant qui nous suit malgré nous ; c'est le début de la réflexion. Il faudra choisir le canapé, la table de la salle à manger, le vase qui recevra nos fleurs favorites de manière à créer un lien entre tous ces objets. La déco, finalement c'est ça : émulsionner des souvenirs, des espoirs, des projets pour vivre un quotidien apaisé dans un intérieur à notre image.
Toutes ces belles boutiques « déco » vont nous permettre d'aiguiser notre goût, de faire les bons choix, de sortir des sentiers battus et de réaliser un projet construit aussi bien pour notre premier studio que pour notre grand appartement familial.

197 Design

Un très grand showroom pour des collections de meubles et d'objets déco contemporains de prestige. Un vrai plaisir de déambuler parmi les mises en scènes de cuisines, salons et chambres à coucher. Les plus belles marques italiennes de meubles design et de cuisines sont représentées. Christine et Ariel vous accueillent avec le sourire et vous proposent leurs compétences en matière d'architecture d'intérieur et de décoration. Ici, vous pourrez choisir papier peint, peintures, carrelage, rideaux, tapis ou élaborer un projet de dressing ou juste repartir avec un objet fait-main et made in Alsace. La boutique expose, entre autres, les porcelaines de Barbara Leboeuf, les coussins outdoor de Véronique Klein, les mosaïques de Josaphat Saussaye ou les peintures de Pierre Muckensturm.

197 Design
197 avenue de Strasbourg - 67170 Brumath
03 90 29 50 40
www.197design.fr
197.Design & Weberlifestyle

Cinna

Une marque complète de décoration contemporaine et française, plus de 70 créateurs du monde entier enrichissent les collections, pour un intérieur éclectique, audacieux et cocoon. Dans la boutique strasbourgeoise, on découvre les dernières collections mais aussi des artistes locaux surprenants dont certains venus du street art pour apporter une touche urbaine un peu wild qu'on adore !

Cinna
23 rue de la Nuée Bleue - 67000 Strasbourg
03 90 40 67 06
www.cinna.fr
CINNA Strasbourg

D'une pièce à l'autre

Un doux mélange entre objets neufs et chinés. Derrière cette adresse, Anne et Laurence, une mère et sa fille, passionnées de décoration qui ont l'art de la mise en scène. Fidèle à l'esprit charme et shabby chic vous pourrez y dénicher une nappe ancienne en lin, un fauteuil cossu en laine ou des bougeoirs mercurisés. Comme son nom l'indique, toutes les pièces de la maison y sont représentées ; on déambule entre salon, cuisine et chambre. Une atmosphère cosy qui réserve sans cesse de belles surprises et des trouvailles originales.

Le truc en +

L'accueil est très chaleureux et elles vous proposent leurs conseils à domicile pour finaliser votre décoration.

D'une pièce à l'autre
16 place de l'Étoile - 67210 Obernai
03 88 04 53 85
www.dune-piece-a-lautre.fr
D'une pièce à l'autre

Diroy

Pour les amateurs de made in Alsace, sachez que la marque Diroy produit sommiers, têtes de lit et surtout matelas dans leur usine de Bouxwiller. Un showroom vous présente sur place les nouveautés et les différentes gammes. L'offre va du matelas latex à mémoire de forme aux sommiers motorisés en passant par les matelas sur mesure à la forme et au confort que vous souhaitez. Ils soignent aussi l'esthétique des housses de finition et sont même capables de les broder sur mesure avec un motif ou un logo. Vous rêvez d'une tête de lit capitonnée en cuir ? Choisissez le cuir et la couleur qui vous plaît, Diroy le réalise sur place et l'accorde au sommier de votre choix.

Le truc en +

Vous y trouverez aussi la gamme de matelas pour les nouveaux-nés : Bibed Babymoov. Anti-reflux et conçus par un ostéopathe.

Diroy
19 route d'Obermodern - 67330 Bouxwiller
03 88 03 33 40
www.diroy.com
Diroy

Fou du Roi

Un haut lieu de la création et du arty design dans la région, incontournable si vous cherchez à donner une touche scandinave contemporaine à votre intérieur. Edith Wildy et Régis Vogel, excellents architectes d'intérieur, réunissent leur bureau d'études et une galerie showroom dans lesquels ils proposent leurs coups de coeur mobilier et objets déco. Une sélection des éditeurs de mobilier contemporain les plus connus, souvent scandinaves : Muuto, Carl Hansen, Tolix, Moormann, et surtout la très convoitée maison suisse Vitra. Ce que l'on aime, c'est cette ambiance épurée et si chaleureuse qui règne dans la boutique, bien fournie mais jamais surchargée. Même les petits budgets peuvent se faire plaisir avec, par exemple, des mugs originaux, des couverts à salade ou des patères pour votre couloir.

Fou du Roi
4 rue du Faisan - 67000 Strasbourg
03 88 24 23 25
galerie@fouduroi.org
www.fouduroi.eu
Galerie Fou du Roi

Le truc en +

Une incroyable sélection de luminaires, toujours entre poésie et humour, matériaux bruts et lignes épurées. Petite Friture, Tom Dixon, Jielde, Ingo Maurer, Céline Wright.

Gecko World

Une boutique qui nous fait découvrir des designers et des objets ludiques et pratiques. Forcément on adore. Comme on est aussi très sensibles à la tendance up-cycling, comprenez : la création d'objets à partir de matériaux récupérés, c'est une deuxième raison pour pousser la porte de cette étonnante adresse. On pioche des accessoires décalés comme un vide-poche en vieux vinyle, des Barils du port de Hambourg qui deviennent des meubles de rangement, des tables basses ou des horloges vintage. L'univers des Gecko World est sensible à la démarche du designer, la sélection est fraîche et rigolote et surtout les nouveaux arrivages sont fréquents.

Gecko World
16 rue des Tanneurs - 68100 Mulhouse
03 89 50 04 76
www.gecko-world.com
Gecko World - Global Design

Gilbert Weckerlé

Ce designer de meubles travaille avec les plus grands fabricants européens. Gilbert Weckerlé nous accueille dans sa boutique installée dans une ancienne menuiserie ; une parenthèse enchantée où décoration rime avec charme et élégance. Du salon à la chambre à coucher, les univers se succèdent et proposent une belle mise en scène. Les meubles qu'il imagine sont souvent inspirés du mobilier ancien mais il rajoute sa patte contemporaine, parfois même industrielle. Des mélanges étonnants et toujours emprunts de simplicité. Dans sa boutique, on déniche tous les objets intemporels pour sublimer notre décoration. Des arts de la table aux décorations de Noël en passant par les coussins, plaids et rideaux, le choix est vaste et sans fausses notes.

Gilbert Weckerlé
2 rue de la Truite - 68000 Colmar
03 89 29 04 87
www.gilbert-weckerle-designer.org
www.weckerle.fr

ID Design

➤ Mobilier contemporain

Une belle adresse pour découvrir des marques italiennes contemporaines, originales et peu distribuées dans la région. La boutique est grande et les choix d'aménagement toujours chaleureux et souvent personnalisables. Les maîtres mots sont : bois, acier, béton, céramiques aux lignes simples et graphiques. On y trouve aussi des clins d'oeil plus industriels comme les célèbres tabourets Tolix. On aime leur grand choix de canapés, la sélection décalée et très tendance de tapis délavés ou de papiers peints à effets de matières.

ID Design
7 rue du Commerce - 67202 Wolfisheim
03 88 14 08 88
www.steinmetz-groupe.fr
Id design Strasbourg

L'Appart

Si vous êtes amateurs d'objets funky, colorés, qui donnent une touche d'humour et de la personnalité à vos intérieurs, cette adresse est pour vous. Catherine vous reçoit un peu comme chez elle, au premier étage de cet immeuble d'époque. Elle explore tous les salons de professionnels à la recherche des marques tendances du moment qui égaieront notre quotidien : Pylone, Miho, Ibride, Coziel. Une console en forme d'autruche, des chaises rigolotes Pantone, du papier peint en briques trompe l'oeil, des coussins Fatboy et toutes sortes d'idées cadeaux en papeterie et accessoires pour la cuisine. Elle cherche aussi à mettre en avant la création en Alsace. Elle distribue les Trendy Tub, des barils détournés en chaises, plateaux et luminaires, bel exemple d'up-cycling haut-rhinois. Et c'est chez elle que vous trouverez les nouveautés d'Anne Hubert, installée à Mulhouse, et qui a déjà conquis le monde entier avec son linge de maison vitaminé La Cerise sur le Gâteau.

L'Appart
51 rue des 3 Rois – 68100 Mulhouse
03 89 66 08 27
L'appart

L'Atelier de Mélusine

➤ Déco et meubles patinés

Une boutique pleine de charme et de douceur là où on ne l'attend pas, voilà le genre de surprises que l'on aime. Anita déborde d'énergie et de joie de vivre, elle a réalisé son rêve de boutique alliant à la fois des marques comme Pomax, Antic Line ou Country Casa et ses meubles chinés et patinés dans son arrière-boutique. Elle sélectionne avec soin ces objets qui apportent de l'âme à nos intérieurs, elle invite volontiers des artistes du coin à exposer et s'amuse à détourner les matériaux pour créer des luminaires originaux.

Le truc en +

Passionnée de longue date par la patine des meubles, elle utilise des produits sans solvants respectueux de l'environnement et de notre bien-être, de la marque Peintures Erika, made in Alsace.

L'Atelier de Mélusine
6 rue de l'Industrie - 68570 Soultzmatt
03 89 27 31 49
info@latelierdemelusine.com
www.latelierdemelusine.com
L'atelier de Mélusine

L'Espace Sifferlin

En 2013, Placard Design devient l'Espace Sifferlin et déménage. Un nouveau showroom qui se transforme en boutique déco où chaque objet est original, drôle et surtout super tendance ! Un subtil mélange entre vaisselle, lampes, petit mobilier, nains de jardin en résine, tableaux, playmobiles géants et aussi tout le savoir-faire de la maison Sifferlin : une menuiserie créative et innovante. Comme ils sont très attachés au made in Alsace vous trouverez aussi certains créateurs de la région. Une superbe adresse pour se faire un petit plaisir déco ou trouver une idée cadeau originale.

Le truc en +

Dans cet univers coloré et inspirant, des professionnels vous accueillent pour vous proposer des solutions d'aménagement et de décoration.

L'Espace Sifferlin
6a quai Kellermann - 67000 Strasbourg
03 88 37 59 72
www.sifferlin.com
Sifferlin

La Boutique Café - Le Schweighof

Faites un détour c'est un vrai coup de coeur !
Endroit inattendu dans la campagne sundgauvienne, une ancienne exploitation agricole reconvertie en chambres d'hôtes et boutique déco design. Emilie est passionnée de décoration et son mari Michel est architecte. Ils ont rénové la maison familiale avec beaucoup de goût. La boutique est au rez-de-chaussée, on y trouve une sélection pointue de marques essentiellement scandinaves. Toujours dans un style épuré, graphique, dans les tons pastels et vintage comme on aime. Vaisselle en mélamine, linge de maison, papeterie, bougeoirs, rouleaux de papiers peints, coussins aux motifs géométriques. Emilie mêle aussi mobilier chiné et éditeurs de meubles qu'on ne trouve nulle part ailleurs en Alsace : Mint Fourniture, Colonel ou encore Anorak.

Le truc en +

Des boissons chaudes, des petits plats et des douceurs faits maison vous attendent dans le coin café. Un moment de partage avec Emilie qui vous racontera ses séjours au Canada ou en Russie.

La Boutique Café - Le Schweighof
Ferme du Schweighof - 68130 Altkirch
06 42 84 86 33
www.leschweighof.fr
www.laboutiquecafe.fr
La boutique café

La Maison Scandinave

En Alsace cette adresse est pionnière de la tendance scandinave en décoration. Il suffit de pousser les portes de cette petite boutique à la devanture bleue pour donner à son intérieur une touche de design nature, simple et colorée. Anita, la propriétaire, est finlandaise et on peut lui faire confiance pour dénicher des créateurs originaux et nous offrir le meilleur des marques incontournables scandinaves. Pour la vaisselle, c'est Littala qui se démarque toujours, entre matières translucides, verre soufflé et formes organiques. On craque aussi pour les marques danoises Menu et Rosendahl dont les maîtres mots sont originalité et créativité. Anita sélectionne avec beaucoup de goût des articles design et des objets du quotidien magnifiés. Tout est chic, fonctionnel et beau.

Le truc en +

Passez dans la boutique à l'approche des fêtes de Noël, vous apporterez une touche design et nature à vos sapins et tables de réveillon.

La Maison Scandinave
5 quai des Pêcheurs - 67000 Strasbourg
03 88 22 08 03
www.lamaisonscandinave.fr
La Maison Scandinave Strasbourg

Le Grenier

Une bien belle enseigne qui mélange objets de décoration pour l'intérieur et pour le jardin. Au fil des saisons, les couleurs des murs changent dans une atmosphère toujours très romantique. Le charme de la campagne avec des marques incontournables : Country Corner, Athezza, Le Père Pelletier, Richmond Interiors, Blanc d'Ivoire, Antic Line. C'est ici que vous pourrez trouver une gloriette, des bassines en zinc, des objets en terre cuite ou en fonte et, bien sûr, tout pour la cuisine, le salon, la salle de bain et la chambre à coucher.

Le Grenier
38 allée des Peupliers - 67160 Wissembourg
03 88 54 37 45
www.boutique-le-grenier.net

Ligne Design

Deux adresses en Alsace pour les amateurs de mobilier contemporain. Une sélection pointue et exigeante de marques principalement italiennes pour meubler chambres à coucher, pièces à vivre et bureaux. Lignes épurées, chaleur des matériaux, on aime tout particulièrement la gamme de canapés qui se choisissent dans plusieurs tailles et tissus. Les conseils sont sur mesure et l'accueil décontracté.

Le truc en +

À Colmar, Laurent Di Nisi propose une gamme de mobilier en métal brut ou laqué made in Alsace réalisée dans les ateliers de la métallerie Bettinger à Ingersheim.

Ligne Design
1 rue Louis Blériot - 68000 Colmar
03 89 21 16 10
ldcolmar@afone-telecom.fr

La Cité de l'Habitat
Route de Thann - 68460 Lutterbach
03 89 46 82 47
ligne-design@orange.fr

www.lignedesign.fr

Ligne Roset

Richard Wendling est un tapissier-décorateur de talent. Il reprend la concession Ligne Roset pour le Bas-Rhin en 2013 et l'associe à sa boutique Elastabil pour notre plus grand plaisir. On découvre donc sur plusieurs étages la gamme complète de décoration de la marque française avec en prime le showroom dédié à la déco et aux tissus pour la confection de rideaux, stores et réfection de sièges. L'association du design intemporel de Ligne Roset et du savoir-faire artisanal du métier de tapissier avec l'oeil et les conseils d'un vrai passionné, aux goûts raffinés et toujours à l'écoute.

Ligne Roset
8 quai Kellermann – 67000 Strasbourg
03 88 23 16 23
ligneroset@elastabil.com
www.ligneroset.fr
Ligne Roset Elastabil Strasbourg

Lisème Home Interiors

Pierre Legaye est décorateur. Il est l'unique distributeur du concept Flamant à Strasbourg et Mulhouse : mobilier, objets déco, art de la table, linge de maison et parfums d'intérieur. Sa boutique est un ravissement pour les passionnés de décoration intemporelle. Un certain goût des belles choses à la mode belge, pays d'origine du décorateur. Pierre a l'art de recréer de véritables mises en scène de maisons avec toutes les pièces déclinées. Installé depuis de nombreuses années sur les quais à Strasbourg, il conquiert tout récemment le coeur des mulhousiens en ouvrant une seconde boutique. Les collections, l'aménagement et l'ambiance changent au fil des saisons pour notre plus grand plaisir. D'autres marques élégantes viennent se mélanger comme les chaises Vincent Sheppard, les meubles

XVL Home Collection, la très chic Scapa Home, des luminaires Nautic de Tekna et Stéphane Davidts. On aime aussi sa sélection de produits de décoration : des peintures poudrées et mats Flamant et Ressource ou encore des enduits et bétons cirés Mercadier. Au-delà du simple coup de cœur shopping, c'est aussi le concept Lisème Project qui nous est proposé avec un vrai savoir-faire en architecture d'intérieur et la réalisation de travaux d'aménagements et de décoration de qualité et bien accompagnée.

Le truc en +

À Mulhouse, Chantal Romon propose maintenant une gamme de tissus d'ameublement en harmonie avec le magasin ainsi que son savoir-faire de tapissière décoratrice.

Lisème
2 quai Finkmatt - 67000 Strasbourg
03 88 23 08 29
Lisème Strasbourg

46c avenue Roger Salengro (au fond du parc) - 68100 Mulhouse
03 89 36 78 65 (Le samedi sur rendez-vous uniquement)
Lisème Mulhouse

www.deco.liseme.com

Marie-Laure Boutique

Le truc en +

Un accompagnement dans vos choix d'aménagements déco et la possibilité de conseils à domicile.

Dans le cadre magique du quartier de la Cathédrale à Strasbourg, il n'y a pas que des magasins pour les touristes. La petite vitrine de la boutique de Marie-Laure nous appelle à découvrir un intérieur riche en décoration douce, intemporelle, pour une touche campagne en ville. Charme, couleur blanche, lin et coton, tissus à pois, anges et coeurs, plusieurs marques sont sélectionnées par la propriétaire et c'est la référence du shabby chic en France qui domine : Mathilde M. Un esprit XVIIIe revisité pour ces collections de linge de maison, arts de la table, univers de la salle de bain et des bébés. Marie-Laure propose aussi des meubles anciens patinés, des fleurs artificielles plus vraies que nature pour la touche romantique et un beau rayon parfums d'ambiance.

Marie-Laure Boutique
4 place de la Grande Boucherie - 67000 Strasbourg
03 88 10 83 20

Mélodie de la Vie

Au détour d'une ruelle de Riquewihr, la boutique d'Irène Blandel mélange linge de maison, petit mobilier, luminaires, objets parfumés dans une atmosphère douce et très féminine. Tout est blanc et pastel, les tissus sont choisis avec goût. Irène déniche des créateurs français, ambiance shabby chic garantie. Si vous cherchez un ciel de lit romantique, une housse en lin brodé pour vos chaises ou encore des lustres à pampilles, c'est la bonne adresse. Vous y trouverez aussi des brise-bise et des cantonnières pour donner à vos fenêtres une touche de charme d'autrefois.

Mélodie de la Vie
34 rue des Remparts - 68340 Riquewihr
09 51 68 00 25
www.melodiedelavie.fr
Mélodie de la Vie

PING!
CHAT
GUEVARA
NUMBERS

Mémé en Autriche

Une adresse déjà bien connue des amateurs d'objets rétro et kitsch. Avec finesse et humour, la sélection de Mémé est toujours tendance et juste scandinave comme on aime. Difficile de ne pas craquer, même pour les plus petits budgets. On adore les accessoires colorés pour la cuisine : assiettes en mélamine super originales, toiles cirées et nappes en coton enduit bariolées, porcelaine aux motifs géométriques. Mémé aime aussi beaucoup le mobilier vintage. Selon les retours de « chine », on trouve parfois de vieux fauteuils, commodes ou petites tables basses usés comme il faut et prêts à être posés chez soi. On trouve aussi des rééditions de meubles style années 50, des luminaires, des bijoux et des vêtements. Pour la chambre de vos enfants, il y a toujours l'un ou l'autre accessoire rigolo et pratique à la fois. C'est l'une des rares adresses à faire des marques comme Atomic Soda, Bloomingville, Coq en pâte, House Doctor ou Bonjour Mon Poussin.

Mémé en Autriche
7 et 11 rue des Bouchers – 67000 Strasbourg
03 88 13 25 58
www.memeenautriche.com
Mémé en Autriche

Le truc en +

Une deuxième boutique a ouvert en face, elle est exclusivement consacrée à la papeterie et aux idées cadeaux.

Meubles Haag

Une enseigne pleine de surprises dans une zone où l'on ne l'attend pas. L'entreprise d'ébénisterie familiale a su prendre un tournant pour rester tendance. A côté des ateliers où l'on peut toujours faire réaliser ses meubles et aménagements en bois sur mesure, un grand showroom abrite une sélection de mobilier pointue et rare dans la région. Ambiance traveller des grands explorateurs avec des canapés Chesterfield en cuir, des rééditions de malles de voyage, du mobilier en carlingue d'avion ou en bois de bateau recyclé, des tapis en peau et le drapeau US sur des coussins, des rééditions de vestiaires en métal. Une décoration assez masculine, avec des références made in France de qualité. On aime le dynamisme de la famille Haag et on vous garantit un accueil chaleureux et attentionné.

Meubles Haag
86 route de Bischwiller - ZA Aérodrome Est
67500 Haguenau
03 88 93 00 42
www.meubles-haag.com
Meubles HAAG

Pop Shop Strasbourg

Une petite boutique face à la cathédrale qui va apporter couleurs et humour à vos murs et intérieurs. Leur spécialité : des photos et œuvres graphiques qui sont imprimées sur des toiles sur châssis (pour un rendu tableau) ou sur du Dibond (un matériau composite léger qui ressemble à l'aluminium) pour un rendu plus high-tech. L'originalité se trouve bien sûr dans les visuels et surtout les messages évoqués sur les oeuvres. Façon Andy Warhol ou Lichtenstein, les formats sont multiples. Vous trouverez aussi une déclinaison colorée de nains de jardin en résine, ainsi que d'autres sculptures originales.

Pop Shop Strasbourg
29 place de la Cathédrale - 67000 Strasbourg
03 90 24 98 66
www.pop-shop-strasbourg.com
Pop Shop Strasbourg

Mosaïque

➤ Meubles et décoration

Une vraie adresse secrète ! Regis Bloch propose dans son showroom des collections d'objets déco que vous trouverez dans les grandes franchises mais à prix revendeur. Coussins, lampes, tapis ou pouf édités par Eight Mood Collection apporteront une touche très élégante à vos intérieurs. On aime leurs motifs bohème ou animaux imprimés. Vous trouverez aussi une belle sélection d'horloges colorées et ludiques de la marque Next Time. Et pour compléter l'ambiance Régis, propose aussi du petit mobilier et des canapés très tendance.

Mosaïque
1 rue de l'Expansion - 67210 Obernai
03 88 47 68 44 - 06 67 64 48 05

Pylônes

La célèbre marque de créateurs d'objets pour la maison, ludiques et hypercolorés, a fini par ouvrir une boutique à Strasbourg. Dans la vitrine encadrée de grès ancien, les lampes de bureau vert pomme et les casses-noix en forme d'écureuils ne passent pas inaperçus. C'est une explosion de couleurs et de formes quand vous passez la porte. Pour un besoin en accessoires de cuisine, de salle de bains ou de bureau c'est l'adresse idéale. Exit la grisaille ! On aime !

Pylônes
15 rue des Hallebardes - 67000 Strasbourg
03 88 23 20 33
www.pylones.com
Pylones

Quartz Design

Les plus belles pièces du design sont dans les magasins Quartz. Mobilier, beaux objets, luminaires. Toutes les grandes marques sont représentées : Vitra, Kartell, Cassina, Flos, Knoll, Alessi, Ingo Maurer. C'est le temple du mobilier contemporain : lignes épurées, matériaux innovants, transparence et grands designers. C'est une adresse où toucher et tester les best-sellers. Chaque magasin s'étend sur plus de 1000 m² dans des lieux d'exception ; un beau moment et le plaisir de repartir avec la chaise ou lampe de votre choix. Malgré une offre haut-de-gamme, de bonnes affaires sont régulièrement proposées et ça on adore !

Quartz Design
20-24 rue des Tanneurs - 68100 Mulhouse
03 89 66 47 22

7-9 route de Neuf-Brisach - 68000 Colmar
03 89 23 20 48

8-9 quai Saint-Jean - 67000 Strasbourg
03 88 22 47 78

www.quartz-design.fr
Quartz Design

Le truc en +

Dans chaque showroom, une équipe d'architectes d'intérieur vous propose de réaliser vos travaux d'aménagement : du croquis à l'implantation du mobilier, en passant par le choix des matériaux et des couleurs.

Rouge Framboise

Sylviane est une grande passionnée de déco. Son atelier-boutique est installé dans une charmante maison aux volets rouges en plein centre ville. Elle a créé une décoration à son image, tout en douceur, très shabby chic, un brin anglais : nappes, vaisselle, verres, miroirs, fleurs, luminaires et petits meubles feront le bonheur des intérieurs intemporels. Elle propose toujours une belle sélection des Bougies La Française, de la Faïencerie de Niederviller et Lunéville, les Jardins d'Ulysse, Mathilde M. Côté meubles, les commodes sont tout en rondeur, patinées en gris ou blanc ; les chaises sont habillées de coussins et les fauteuils tapissés de velours aux couleurs douces. Sylviane se fera aussi un plaisir de vous conseiller dans vos choix d'aménagement et de décoration. Elle distribue d'ailleurs la marque de peintures Flamant.

Le truc en +

En bonus, un atelier de couture dans lequel Sylviane confectionne rideaux, coussins et nappes sur mesure à partir de la sélection de tissus au mètre qu'elle propose en boutique.

Rouge Framboise
23 rue du Rempart - 68000 Colmar
03 89 23 95 02
www.decoration-rougeframboise.com
Decoration Rouge Framboise

Stylica

Gros coup de coeur pour cette adresse qui décomplexe l'univers parfois froid et inaccessible du mobilier contemporain et design. Dans une zone facilement accessible en voiture, Lidia Maupin vous accueille avec fraîcheur et enthousiasme et partage ses coups de coeur. Les grands noms du design sont largement représentés comme Kartell, Alessi, Driade, Foscarini, Zanotta, Fatboy. Du petit meuble de rangement aux canapés en passant par un large choix de chaises, de luminaires, et de mobilier pour vos extérieurs, difficile de ne pas craquer.

Stylica
8 rue des Frères Lumière - 67170 Brumath
03 88 83 87 51
www.stylica.fr
Stylica mobilier design
Stylica Mobilier

Le truc en +

Une très belle sélection de tapis des marques Toulemonde Bochart et Nanimarquina. Et si le tapis de vos rêves était sur mesure ? Formes, couleurs, matières, finitions, tout est modulable et Lidia vous conseille et le réalise avec vous.

Urban Nature Home Déco

Amateurs de teck et de bois flotté, cette adresse va vous plaire. Anciennement Eko Concept à Wittelsheim, la nouvelle boutique à Colmar est certes plus petite mais propose une sélection toujours aussi pointue de mobilier et objets nature. Pour une alliance de lignes contemporaines et d'exotisme, les pièces présentées sont uniques, souvent massives et surtout très originales. Les racines servent de piétement aux tables, consoles, ou tables basses complétées par des plateaux en verre. D'autres meubles sont plus fins mais toujours en bois massifs exotiques. Vous trouverez aussi une petite sélection de déco en métal.

Urban Nature Home Déco
3 boulevard du Champ de Mars - 68000 Colmar
03 89 29 33 73 - 06 31 28 91 49
urban nature home déco

Chambres d'enfants 4

La chambre d'enfant est l'occasion rêvée pour s'adonner à la déco, un petit univers porteur de toutes nos espérances.

Que ce soit la chambre du futur nouveau-né que l'on prépare avec tendresse ou la chambre de notre ado qui veut son intimité et se créer un syle bien à lui.
C'est un lieu en soi qui nécessite un petit tour dans plusieurs de nos rubriques.
Cela commence par une jolie couleur pour les murs, douce pour les plus jeunes, tonique et branchée pour nos *teenagers*. Puis un passage dans « revêtement de sol » pour trouver un parquet, un stratifié, un lino , tous trois faciles à entretenir et hygiéniques pour nos petits qui traînent par terre, un joli tapis et pour finir on accrochera des rideaux occultants aux fenêtres pour de paisibles nuits.
Le décor est planté ! A vous le choix du mobilier, du petit berceau vintage au bureau moderne, de la lampe aux jouets en bois, petits et grands y seront heureux.

Association des Aveugles et Amblyopes d'Alsace et de Lorraine

➤ Berceaux alsaciens

Formé aux techniques traditionnelles de cannage et de paillage depuis plus de 100 ans, l'atelier est capable de répondre à vos demandes. L'un des plus charmants objets qui peut sortir de leur atelier est le Chariot Alsacien : ce berceau qui a bercé tant de nos bébés est encore fabriqué par leurs soins. Une nacelle en osier avec les trois arceaux pour former la capote et les pieds à quatre roues pour promener bébé. Il vous faudra ensuite le talent d'une future mamie ou un cours de couture pour habiller la carcasse de dentelle anglaise ou de tout tissu de votre choix. Comme il sera fabriqué pour vous, comptez deux mois pour l'avoir !

Association des Aveugles et Amblyopes d'Alsace et de Lorraine
3 rue des Remparts - 68 000 Colmar
03 89 41 24 65
www.aaal-asso.com

Atelier des Peupliers

➤ Création de meubles et jouets en bois

Jean-Paul Roux confectionne avec passion et poésie des personnages, maisons, voitures, chevaux à bascule, animaux en bois pour accompagner nos enfants dans leurs jeux. Cet ancien horloger travaille beaucoup les familles de personnages, le papa, la maman et le bébé s'imbriquent les uns dans les autres, tout en douceur, tout en rondeur. Son épouse rajoute en couleur les expressions des visages, les poils, les vêtements. Des jouets qui apportent charme et authenticité à la déco de la chambre d'enfant et qui sont surtout d'excellents stimulants pour leur imagination.

Atelier des Peupliers - Jean-Paul Roux
11 rue de la 1ère Armée - 67390 Elsenheim
03 88 74 97 79

Baptiste et Garance

Une petite boutique pour de grandes envies ! Ici les enfants sont rois et les mamans reines. Les jouets, objets déco, vêtements et accessoires pour enfants côtoient bijoux, sacs et quelques vêtements pour femmes. On retrouve des marques de qualité comme Djeco pour les jeux et jouets en bois ou encore Atomic Soda, tellement scandinave. C'est ici que l'on découvre des créateurs locaux de talent, comme Alexandra Schumacher, une illustratrice strasbourgeoise qui donne le sourire à la porcelaine de nos petits, sa marque : Muikdesign.

Baptiste et Garance
6 rue des Veaux - 67000 Strasbourg
03 88 35 19 26
Baptiste & Garance

Bulle de surprise

Tania Fetsch est une créatrice qui ne manque pas d'imagination. Elle s'est lancée dans la réalisation d'objets de décoration pour les enfants, il y a quelques années, quand elle ne trouvait rien d'original pour la chambre de sa fille. Aujourd'hui c'est avant tout un travail de graphisme qu'elle fait en collaboration avec des artisans alsaciens qui appliquent ses visuels et motifs aux objets faits main. Le textile est bien sûr très présent avec des tissus imprimés de ses motifs frais et tendance. Elle prend volontiers sa machine à coudre pour la confection de coussins déco, en forme de dinosaures ou de poupées russes, ou de jeux de mémory en tissu. Elle propose aussi des jouets en bois, des sacs, des boîtes à goûter, de très belles lampes en verre soufflé. On adore son univers coloré, rigolo et surtout développement durable. Elle propose aussi beaucoup de créations pour la déco des parents : céramiques, pochettes, stickers...

Le truc en +

De nombreuses créations personnalisées : guirlandes-prénom, tasses, coussins, lampes. Elle vend les tissus qu'elle crée sous forme de coupons.

Bulle de surprise - Tania Fetsch
8 place de la Liberté - 67800 Hoenheim
06 61 10 65 18 (Sur rendez-vous)
contact@bulledesurprise.com
www.bulledesurprise.com
Bulle de surprise

De Retour Boutique

Le truc en +

Un accueil chaleureux, des livraisons possibles sur Strasbourg et une boutique à l'écart du tourbillon en période de fêtes.

Un petit coin de paradis pour petits et grands : le retour à l'enfance, aux objets simples, et à la poésie. Décoration, jouets, linge de lit, cadeaux de naissance, le tout en fabrication européenne. Les gérantes, Katherine et Margot, sélectionnent avec soin leurs marques. Les jouets sont en bois, on adore les petits lits de poupée à bascule ou les cuisinières. Pour les aventuriers des tipis en tissu ou des cabanes en carton. Vous trouverez aussi des berceaux en bois pour bébés. Ces passionnées de décoration font aussi appel à des artisans de qualité pour réaliser leur collection « Pastel » : Bleu ciel, rose poudré, gris souris et blanc, des teintes tout en douceur pour le linge de lit 100% lin. Dans les mêmes tons des guirlandes et des tapis en crochet. Très rétro et très cocoon. Ravissants et tendance les pompons ou les lampions de papier.

De Retour Boutique
12 rue de Bienne - 67000 Strasbourg
09 81 90 26 01
www.deretour-boutique.fr
De retour boutique

Graffiti Pikoone

➤ *Déco murale*

Stéphane met sa créativité et son influence street art au service de la chambre de vos enfants et ados. Personnages de dessins animés, décors de rêves, trompe-l'oeil, lettrages ou murs plus urbains, il s'adapte à vos envies et vous propose des croquis pour bien cerner vos attentes. On aime sa touche d'humour et la poésie qui se dégagent de son travail. Il est aussi très vigilant à la bonne mise en place et au respect de la santé de vos bambins. Pensez à bien aérer la pièce.

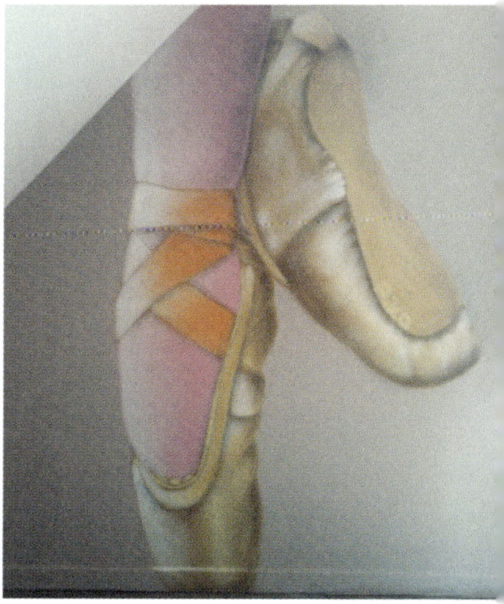

Graffiti Pikoone – Stéphane Braun
14 rue du Pont – 67600 Hilsenheim
06 88 38 78 45
pikodeco@orange.fr
http://monuniversartistique.blogspot.com
Pikoone Artiste graffeur/créateur d'univers pour enfant

Graines de Rêves

➤ Petites créations en couture

Françoise est une jeune grand-mère pleine d'imagination et qui réalise les rêves gourmands de ses petits-enfants et ceux des autres. Exit les fruits et légumes en plastique et vive le tissu ! Un vrai coup de coeur pour ses gâteaux aussi vrais que nature : tartes aux pommes, Forêts-Noires, religieuses, gâteaux d'anniversaire ou ses paniers du marché. Tout est réalisé en feutrine de couleur et cousu main. Même les dinettes sont en tissu, les poulets frites et les hamburgers aussi. Et facilement lavables en machine. Nos futurs gastronomes font marcher leur imagination et jouent en toute sécurité. Et surtout c'est super déco !

Graines de Rêves - Françoise Laval-Cassiat
36 avenue de la Forêt Noire - 67000 Strasbourg
06 52 91 54 90
www.grainesdereves.com
Graines de Rêves

Il était 1x Une Etoile

➤ Coussins brodés made in Alsace

Des coussins brodés et faits main. Katia Graeff est styliste et décoratrice d'intérieur, elle sort sa machine à coudre pour figer les dessins de nos enfants sur des coussins pleins de poésie. Un univers épuré et naïf. Elle reçoit les dessins sur papier et les transpose en broderies sur des coussins au format A4. Elle utilise des tissus de qualité blancs ou écrus, les finitions sont impeccables, chaque coussin est une pièce unique. En fonction de vos envies et budget vous choisissez le process : imprimé-brodé, stylisé ou identique à l'original. Depuis peu elle associe des tissus imprimés pour encore plus de personnalité. Une déco unique pour la chambre d'enfant ou une idée cadeau pour les papys mamies.

Il était 1x Une Etoile - Katia Graeff
26 rue de Reims - 67000 Strasbourg
06 64 29 08 11
www.iletait1xunetoile.com
Il Etait 1x Une Etoile

Le truc en +

Katia est surtout une excellente décoratrice d'intérieur. Vous pourrez faire appel à elle pour vos envies de déco.

La Boutique café - Le Schweighof

➤ Sélection enfants vintage

Ce concept store unique du côté d'Altkirch (voir rubrique « Boutiques déco et mobilier » p. 60) propose aussi une pièce entièrement dédiée à l'univers de l'enfant. Emilie sélectionne des marques qui revisitent le vintage comme les peluches en crochet d'Anne-Claire Petit, so rétro, so rigolo. Ou les guirlandes confettis en tissu Engel, les boîtes à goûter et coussins à têtes de renard Ferm Living, des tabliers et cartables en toile cirée souple, des papiers peints à motifs géométriques et aussi des meubles vintage chinés. Comme cette adorable table d'écolier ou ce cheval à bascule juste usé comme il faut.

La Boutique Café - Le Schweighof
Ferme du Schweighof - 68130 Altkirch
06 42 84 86 33 (Voir horaires)
www.leschweighof.fr
www.laboutiquecafe.fr
La boutique café

Le Bilboquet

Le truc en +

Un large choix d'accessoires à personnaliser avec le prénom de vos enfants : doudous, sorties de bain, protège-cahiers ou sacs d'école.

Une petite boutique qui regorge de jouets originaux en bois, la fabrication française est à l'honneur et vous y trouverez une belle sélection de déco et mobilier pour la chambre de vos enfants. On adore la collection d'étagères Djeco en forme de nuages, de bateaux pirates, de châteaux forts, de palais ou d'arbres magiques. Elles sont en bois imprimé de couleurs et motifs très doux et à monter soi-même. Côté luminaires on craque pour les lampions en dentelles découpées décoratifs de jour comme de nuit ou pour les chaises en bois en forme d'éléphants ou de lions. Faites évoluer la déco avec votre enfant grâce à la déco murale, ici un large choix de stickers repositionnables sur le thème des fonds marins, des elfes, des voitures. Déco et ludique le grand sticker représentant le monde avec ses 101 magnets animaux à positionner sur leur pays d'origine. Une adresse où dénicher des merveilles dès la naissance et jusqu'à l'âge adulte.

Le Bilboquet
1 rue de la Lanterne - 67000 Strasbourg
03 88 23 17 40
www.lebilboquet.fr
Le Bilboquet

Le Copeau

Le truc en +

Une belle boutique en ligne : www.universdujouet.com

Comme son nom l'indique le bois dans toute sa splendeur pour cette boutique de grande qualité loin des grands axes de shopping. Les plus belles marques de jouets en bois sont représentées : Djeco, Janod, Haba, Le Coin des enfants. Pour des mobiles pleins de poésie, des portemanteaux originaux ou des trains en bois de toute beauté. Des peluches colorées et rigolotes, dès la naissance les idées cadeaux ne manquent pas. Depuis plus de 10 ans cette boutique recherche le jouet ou l'accessoire insolite et de belle qualité, en toute simplicité pour que l'imagination et le rêve de l'enfant l'emportent. Nous avons trouvé un accueil chaleureux et à l'écoute. Certains auteurs ou illustrateurs viennent signer leurs ouvrages. Et il y en a pour tous les budgets.

Le Copeau - Univers du Jouet
32a faubourg du Général Philippot - 67340 Ingwiller
03 88 89 23 33
www.universdujouet.com

Lilo Bibelo

➤ Créations textiles pour bébés et enfants

Virginie Traon-Graff est une créatrice dynamique qui sait dénicher des tissus à croquer pour confectionner des accessoires pour bébés, enfants et mamans branchées : couvre-lits, matelas à langer, sacs à goûter, coussins nuages, guirlandes de fanions, trousses, housses de tablettes, porte-monnaie et bijoux. Avec une sélection de tissus originaux Liberty of London cette grande couturière rebooste les célèbres petites fleurs anglaises en les associant à des coutures plus flash. Son sens de l'humour et sa douceur font de ces créations des indispensables dans une déco rétro chic et des idées cadeaux qui plairont à tous les coups.

Le truc en +

Tous ses coussins ou accessoires sont personnalisables au prénom de votre choix.

Lilo Bibelo - Virginie Traon-Graff
3 chemin du Beulenwoerth - 67000 Strasbourg
06 82 45 72 27 - (Sur rendez-vous)
www.lilobibelo.com
lilo bibelo

Marcel et Finette

Le truc en +

Virginie propose du petit mobilier vintage qu'elle chine et relooke avec des couleurs douces et actuelles.

Virginie déniche des créateurs d'ici et d'ailleurs qui donnent une âme aux jeux et accessoires pour les enfants. Un concept store très cocoon où trouver vêtements, jouets, créations textiles, décoration, le tout délicatement rétro et tendance à la fois. Sa sélection fait craquer petits et grands. Nous on adore les posters coloriage géants, les lions et éléphants en papier peint vintage du néerlandais Inke, les mobiles nuages, les gigoteuses en coton bio ou encore les lampes champignons. Virginie est toujours souriante et incollable sur ses créateurs, elle vous conseille aussi volontiers pour vos choix de décoration.

Marcel et Finette
32 rue des Juifs - 67000 Strasbourg
03 69 31 21 85
Marcel & Finette

Mémé en Autriche

➤ Sélection pour enfants

Une partie de cette boutique déco très colorée est consacrée à la déco pour enfants : vaisselle en mélamine rigolote et tendance, boîtes à goûter un peu rétro, trophées en crochet, plaids et coussins avec des animaux, lampes veilleuses, lampions, bacs de rangement et petites valises en carton, étagères ludiques ou encore sacs d'école et papeterie. Tout l'esprit rétro-rigolo de Mémé pour nos petits !

Mémé en Autriche
7 et 11 rue des Bouchers - 67000 Strasbourg
03 88 13 25 58
www.memeenautriche.com
Mémé en Autriche

Mom Pop

Enfin une boutique pour les enfants bonheur et les mamans douceur à Mulhouse ! Laure Savary propose ses coups de coeur mobilier, déco, jouets, vêtements enfants et futures mamans. On y trouve les marques incontournables pour une chambre bohème nature : des guirlandes et luminaires de La Case de Cousin Paul, les cabanes en carton à customiser Studioroof, les coussins à colorier à l'infini Marielle Bazard, ou ceux so rétro de Ferm Living. On aime particulièrement sa sélection de mobilier à la fois épuré et confortable, comme les lits Nobodinoz, les coffres de rangement Combi VW si originaux signés Werkhaus et bien sûr la marque Stokke avec des chaises hautes très tendance. Laure sélectionne des marques made in France si possible, les jouets sont en bois, métal ou en tissu et elle fait attention au budget pour que notre coup de coeur devienne un plaisir.

Mom Pop
12 rue des Fleurs - 68100 Mulhouse
03 89 45 34 03
www.mompop.fr
MOM POP

Réglisse Collection

➤ Créations textiles pour bébés et enfants

Charlotte Gaillard Duarte est styliste et elle ne quitte jamais longtemps sa machine à coudre. Dans son atelier elle confectionne matelas à langer, plaids, couvertures, nids d'ange, mobiles, guirlandes de fanions, coussins coeurs ou nuages. On adore son choix de tissus, colorés, tout en finesse et surtout des motifs à croquer : les étoiles ou petites fleurs sont associées aux tissus éponge ou polaire pour allier confort et esthétisme. Un vrai coup de coeur pour donner une touche rétro tout en douceur dans les chambres d'enfants. Ses collections changent régulièrement. Elle dessine même ses propres tissus qu'elle décline en accessoires coordonnés, idéal pour une vraie déco personnalisée et 100% fait-main. Et imprimé en France, s'il vous plaît !

Le truc en +

Sur simple demande elle peut personnaliser chaque création au prénom de votre enfant.

Réglisse Collection - Charlotte Gaillard
44 B rue de Bourgfelden - 68220 Hégenheim
06 32 26 58 29 (Sur rendez-vous)
www.reglissecollection.com
Réglisse Collection

Rêves de bois

➤ Créations de jouets en bois

Sébastien Frey a les yeux qui pétillent, il garde une âme d'enfant et son imagination n'a pas de limites quand il s'agit de faire rêver les plus petits. Dès les premiers jouets pour l'éveil des sens jusqu'aux camions de pompiers et jeux de réflexion, à chaque âge son univers. On adore la note d'humour et de douceur qui se dégage de ses créations, des jouets qui traversent le temps et donneront à nos enfants l'envie de les transmettre.

Rêves de bois - Sébastien Frey
54 rue du Strengfeld - 67450 Mundolsheim
03 88 33 95 01
boutique@revesdebois.com
www.revesdebois.com

Antiquités et brocante 5

Donnez du caractère à vos intérieurs!

Dans cette rubrique, nous vous présentons notre sélection de professionnels qui dénichent, pour toutes les bourses, de véritables trésors.
Que l'on soit branché vintage ou XVIIIe siècle l'achat coup de coeur est au détour de chaque page.
Il faut oser pousser la porte de ces véritables cavernes d'Ali Baba, pour certaines encore bien méconnues.
Avec votre guide sous le bras on vous garantit un accueil chaleureux.
Allez-y, CHINEZ !...

Allegretti Antiquités Frères

➤ Antiquités et tapissiers décorateurs

Serge et Nicolas sont deux frères complémentaires, passionnés d'antiquités et de décoration. Serge s'occupe des clients en magasin, des devis et de la décoration. Et Nicolas de son côté gère l'atelier et les achats. Une bonne adresse où se mêlent meubles d'antiquités et créations contemporaines. En atelier ils restaurent vos meubles à l'ancienne, créent des pièces sur mesure comme des têtes de lit, des portes de placard et rénovent vos canapés et fauteuils. Une belle osmose entre ancien et moderne et un oeil déco pour vous conseiller dans vos choix d'aménagement.

Allegretti Antiquités Frères
12 rue des Tanneurs - 68100 Mulhouse
03 89 46 46 47
allegretti.antiquites@yahoo.fr

Antiquités Bastian

C'est une adresse historique à Strasbourg, six générations d'antiquaires se sont succédées dans cette charmante boutique au pied de la Cathédrale. Jacques poursuit la passion de son grand-père pour les céramiques. Il propose une sélection pointue de faïences, porcelaines et grès européens ainsi que de la porcelaine de Chine. Le mobilier est essentiellement alsacien, il date du XVIIIe au début du XXe. L'art populaire réserve toujours de belles trouvailles. Les Bastian sont tous experts et membres de la C.N.E.S (Chambre Nationale des Experts Spécialisés).

Antiquités Bastian
24 place de la Cathédrale - 67000 Strasbourg
03 88 32 45 93
bastian.jacques@wanadoo.fr - fredericbastian@hotmail.com
www.antiquites-bastian.com

Le truc en +

Avant de passer la porte de cette adresse mythique, faites un tour sur leur blog alimenté tous les jours par le petit dernier de la famille, Frédéric : www.antiquites-bastian-blog.com

Antiquités Brocante Eric Theiller

Eric est un super chineur ! Il reçoit sur rendez-vous et ouvre volontiers sa caverne aux trésors. On adore sa sélection industrielle : casiers métalliques, meubles de métier, vieilles enseignes, lampes d'architecte. Vous pourrez aussi glaner des objets d'art populaires ou du mobilier alsacien brut ou patiné en blanc.

Antiquités Brocante Eric Theiller
8 rue de Westhalten - 68250 Pfaffenheim
06 72 92 23 51
www.brocante-theiller-eric.fr
Brocante Theiller Eric

Antiquités Guy Caffard

Un accueil chaleureux garanti chez cet antiquaire-expert qui est installé depuis plus de 30 ans à Colmar. On l'aime pour sa belle sélection d'art populaire, d'objets de charme et de céramiques. C'est un spécialiste du célèbre céramiste alsacien de Soufflenheim Léon Elchinger.

Antiquités Guy Caffard
56 rue des Marchands - 68000 Colmar
03 89 41 31 78 - 06 18 46 07 73
guycaffard@aol.com
www.caffard-antiquites.com

Antiquités Marie-Christine Legrand

Passionnée d'objets de brocante et de textiles tissés anciens, Marie-Christine a su créer une ambiance pleine de charme dans sa petite boutique. On y déniche des moules à kougelhopf en terre cuite, des verres en cristal Saint Louis, des meubles patinés, de vieux berceaux en osier, des chevaux à bascule mais aussi une sélection pointue de vases et objets Art Nouveau et de très belles peintures. Elle réalise aussi des créations à partir de tissus qu'elle récupère en lin et Kelsch anciens. Ce tissu traditionnel alsacien n'a aucun secret pour elle, sans fausses notes elle confectionne coussins, petits coeurs, chemins de table, nappes et sets de table. Elle peut même réaliser des housses de couette qu'elle grave à vos monogrammes. Ses créations donneront la touche traditionnelle à vos intérieurs avec goût et finesse.

Le truc en +

Suivez l'arrivée de ses trésors sur son blog : http://m-c.legrand.lin-fini-brocante.over-blog.com

Antiquités Marie-Christine Legrand
34 Grand Rue - 68150 Ribeauvillé
03 89 72 93 40 - 06 86 66 00 28
http://m-c.legrand.lin-fini-brocante.over-blog.com
Marie Christine LEGRAND Antiquités Création en Lin

Antiquités Rettig

Le truc en +

Un projet de rénovation dans le respect de l'authentique ? Il saura vous conseiller sur les techniques de restauration, de matériaux et vous proposer des artisans qualifiés. Ouvert tous les après-midis et sur rendez-vous.

Jean-Georges Rettig est avant tout un passionné d'authentique. Expert agréé à la FNEPSA, il vous accueille dans son corps de ferme rénové avec goût. L'ancienne étable est devenu son showroom, des objets d'art et des armoires d'exception du XVIIe et XVIIIe siècles côtoient des commodes art populaire polychromes et des objets du quotidien. Il aime dénicher des pièces rares et originales : tableaux, bronzes, porcelaines et luminaires sont sélectionnés avec soin. Il achète et vend dans toute la région et se déplace pour des expertises.

Restauration et création de meubles

Il saura restaurer vos meubles les plus abîmés et les plus précieux. Vernis au tampon, patines, reconstitution d'une pièce, il maîtrise les gestes avec passion. Chaudronnier de formation, il allie depuis peu bois et métal dans des créations contemporaines. Enfilade, bureau, chiffonnier sont réalisés en pièces uniques, les lignes sont épurées et le mariage inox et bois ancien est exceptionnel. Il aime aussi créer des éléments décoratifs en métal, comme des escaliers ou des garde-corps.

Antiquités Rettig
1 Grand Rue - 67370 Behlenheim
06 80 23 58 48
rettig@antiquites-alsace.com
www.antiquites-alsace.com

Bertrand Klein Expert

Le truc en +

Expert agréé CNES (Chambre Nationale d'Experts Spécialisés en objets d'art). Bertrand est aussi fils d'ébéniste. Il se spécialise dans la restauration de mobilier alsacien, avec une connaissance particulière pour les marqueteries et les cabinets du XVIe siècle.

Bertrand et son épouse Pascale sont de grands amateurs d'art et se passionnent pour le meuble alsacien, les objets d'art populaire et les artistes de la région. Leur galerie d'art et d'antiquités en plein centre de Mulhouse s'étend sur plus de 1000 m², on y déniche à la fois de bonnes affaires, des lots de succession, du mobilier industriel et des pièces d'exception du XVIe au XXe siècle. Incontournable, cette adresse est aussi synonyme de rencontre et de partage. Pour chaque pièce, ils nous racontent l'artiste et l'histoire de notre région.

Bertrand Klein Expert
17-19 rue des Tanneurs - 68100 Mulhouse
03 89 45 88 88 - 03 89 46 51 41
info@alsace-antiquaire.com
www.alsace-antiquaire.com

Brocante du Kronthal

Sur la route entre Marlenheim et Wasselonne la maison showroom d'Anne-Marie Van Der Kuyl attire l'oeil. Devant sa porte déjà les lits en métal rouillé et les vieilles caisses en bois invitent à la chine. Un stock impressionnant d'armoires, de vaisselle, de plaques émaillées, de linge de maison, de bibelots en tout genre et de mobilier de jardin, le tout présenté dans un désordre organisé. C'est le paradis de la broc pour tous ceux qui cherchent l'objet insolite ou la touche de charme alsacien dans leurs intérieurs. Les objets sont dans leur jus, prenez le temps de fouiller et de discuter avec Anne-Marie.

Brocante du Kronthal
5 route du Kronthal - 67520 Marlenheim
03 88 87 73 76 - 06 07 85 25 23
Brocante DU Kronthal

Où trouver des ★ matériaux anciens ★

Brocante du Bâtiment - Alain Bitter

Chez Alain vous trouverez aussi bien du mobilier art populaire que des meubles de métier comme des étagères d'apothicaire mais son point fort c'est la brocante du bâtiment. Sur plus de 5 000 m² vous déambulez entre vieux puits en grès, auges, cheminées et encadrements en pierres, grilles en fer forgé, dalles, pavés, planches et poutres. On craque volontiers pour un salon de jardin en fer blanc, on s'émerveille devant sa sélection de statues animales. Alain aime dénicher les pièces de forme comme par exemple une belle fontaine XVIIIe siècle surmontée d'un ange. C'est vraiment la bonne adresse qu'il faut visiter régulièrement mais passez un coup de fil avant pour être sûr qu'Alain n'est pas en vadrouille.

Brocante du Bâtiment - Alain Bitter
3 rue de l'Industrie - 67390 Marckolsheim
06 09 85 05 55 (Sur rendez-vous)
alain.broc@hotmail.fr

Cédric Brenner - Charpentier

Depuis plus de 30 ans c'est le spécialiste des charpentes et ossatures bois de nos maisons traditionnelles alsaciennes. Grâce à des matériaux anciens et totalement écologiques voilà votre maison à colombages construite, déplacée ou restaurée. Il pourra réaliser une extension, couvrir votre toit de tuiles traditionnelles bieberschwanz, installer un vieil escalier en bois ou réaliser toutes sortes de travaux de charpente en alliant tradition et modernité.

Cédric Brenner
9 rue des Moutons - 67270 Alteckendorf
03 88 51 50 35
brenner.c@evc.net
www.brenner.fr

Ferrures et Patines

Le truc en +

Ils réalisent sur mesure des copies de vos anciennes ferrures et des créations entièrement personnalisées.

Une adresse idéale pour compléter le confiturier de votre grand-mère qui a perdu sa poignée d'origine ou pour donner du caractère à une porte. Un choix illimité ! Vous trouverez ici tous les styles de poignées de porte, de meubles et de tiroirs, des serrures, des charnières, des verrous. La moindre pièce de quincaillerie d'ameublement et de bâtiment se trouve ici. Toutes les pièces sont neuves, en bronze, fer ou laiton elles sont patinées selon vos goûts et réalisées dans leurs ateliers. Equipés de leur propre laboratoire ils élaborent aussi une gamme complète de produits de finition pour vos meubles : cires, popotes, teintes et vernis.

Ferrures et Patines
2 rue Paul Rohmer – 67201 Eckbolsheim
03 90 20 46 70
info@ferrures.com
www.ferrures.com
Ferrures et Patines

L'Atelier de la Brocante

Le truc en +

Il réalise pour vous des travaux de menuiserie à partir de ses matériaux anciens. Placards, dressings, cuisines, quels que soient les aménagements ils seront adaptés à vos goûts et sur mesure.

Sébastien est ébéniste de formation, il croise sur sa route le monde de la brocante du bâtiment et tombe sous le charme de ces matériaux anciens. Dans son hangar vous trouverez aussi bien des meubles dans leur jus et des objets insolites que des matériaux de récupération. Des portes et fenêtres en sapin et chêne aux tomettes en terre cuite en passant par les ferrures et d'anciens plafonds ou parquets massifs, tous les amateurs d'ancien seront ravis de découvrir cette adresse. Imaginez la nouvelle vie de cet ancien vitrail transformé en paroi de salle de bain, ou cette porte usée par le temps qui fera une porte de placard décalée dans votre entrée. À l'extérieur, Sébastien entrepose d'anciens puits, des auges en grès, toutes sortes de dallages et pavés usés par le temps et bien sûr quelques grilles, portails et mobilier de jardin en fer forgé.

L'Atelier de la Brocante – Sébastien Deiber
59 impasse du Général de Gaulle – 67640 Fegersheim
06 87 01 07 36 – 03 88 68 52 28
sdeiber@live.fr
www.atelierdelabrocante.net
Atelier de la Brocante

Brou de Noix et Traditions

Isabelle a installé son atelier dans la grange de sa maisonnette le long du canal de la Marne au Rhin. Elle mélange les pigments naturels et le brou de noix et ressuscite les peintures polychromes de nos coffres, armoires et buffets de grand-mère. Véritablement passionnée, elle décape et imagine les décors de fleurs, arabesques et toutes sortes de motifs qui racontent l'histoire de nos villages alsaciens. Elle propose à la fois du mobilier qu'elle chine, restaure et peint à l'ancienne avec la chaux, la suie ou le sang de boeuf. Ou travaille sur commande à partir d'un meuble que vous lui apporterez. Ce qu'elle aime par-dessus tout c'est personnaliser notre mobilier, donner une âme à nos intérieurs et surtout écouter nos envies.

Le truc en +

Elle propose des objets déco pleins de charme comme d'anciennes bouilloires, des fers à repasser qu'elle a relookés.

Brou de noix et traditions - Isabelle Goll
13 rue des Sapins - 67670 Waltenheim-sur-Zorn
03 88 25 62 52 - 06 15 11 96 34 (Sur rendez-vous)
isabelle.goll@laposte.net
Brou de noix et traditions

Christophe Pion

Christophe est depuis plus de 10 ans un inconditionnel du meuble de métier, c'est chez lui que vous dénicherez un bar en zinc, une ancienne chambre froide ou une chaise de dentiste. Aux murs on adore sa collection d'enseignes en tout genre et de plaques émaillées. Toujours à l'affut du style industriel il chine avec un oeil déco, en imaginant la deuxième vie de ses meubles bruts, sobres, aux lignes épurées qui apportent du caractère à nos intérieurs. Dans son magasin la sélection est pointue et simple à la fois, pas de fausses notes. Christophe propose des meubles en bon état, nettoyés et cirés, prêts à l'usage et même les petits budgets trouveront leur bonheur.

Christophe Pion
1 route de Strasbourg - 67240 Bischwiller
03 88 06 21 75

Le Grenier d'Olivier

➤ *Dépôt-vente brocante - Décapage*

Le truc en +

Faites décaper vos meubles ici grâce à la technique 100% écologique de l'aérogommage. Un décapage à sec grâce à la projection d'un granulat naturel très dur. Avec précision et sans dommages sur les surfaces telles que le métal, l'inox, le bois et les pierres. Informations: 06 07 96 28 98

Le paradis pour les chineurs, particuliers et brocanteurs. Du berceau alsacien au meuble de poste en métal en passant par la simple bonnetière en sapin et l'établi du grand-père il y en aura pour tous les goûts et toutes les bourses. Parfois restaurés, la plupart des meubles auront besoin d'un coup de frais. Le plus de ce dépôt-vente c'est sa taille et donc son très large choix. On trouve aussi toutes sortes de bibelots et lampes rigolotes à détourner. Et surtout c'est une très bonne adresse pour ceux qui veulent décorer leurs extérieurs et jardins. Bancs, pots en terre cuites, ferronneries et vasques à prix cassés.

Le Grenier d'Olivier
13 rue de la Hardt - Zone industrielle - 67120 Molsheim
03 88 38 85 51
eckol@wanadoo.fr
www.ledepotvente.fr

Les Trésors du Quai

➤ Vêtements - Antiquités - Dépôt-vente

Corinne Kaufmann est installée dans cette boutique depuis 1978. Couturière de formation, elle complète son activité de retouches et dépôt-vente de vêtements, il y a quelques années, pour proposer la vente des antiquités. Les aquarelles se marient avec les carrés Hermès, les petits meubles Napoléon III côtoient les manteaux Jean-Paul Gaultier, il règne une ambiance cossue et pourtant les bonnes affaires sont à portée de main avec des bibelots à tout petits prix et des pièces d'exception qui deviennent abordables.

Le truc en +

Videz vos armoires et grenier chez Corinne, elle fonctionne essentiellement en dépôt-vente et sélectionne avec soin les pièces mises en vente.

Les Trésors du Quai
18 quai des Pêcheurs - 67000 Strasbourg
03 88 36 81 27 - 06 43 59 04 30
lestresorsduquai@yahoo.fr
www.lestresorsduquai.fr
Les Trésors du Quai - Strasbourg

MicMac - Brocante du plan incliné

C'est une adresse incontournable si vous êtes à la recherche d'anciens bars, comptoirs et mobilier de bistrot. Pour une déco décalée on craque pour un vieux comptoir de banque en chêne ou un bar en zinc qui donnera du cachet à votre cuisine. Vous trouverez aussi des enseignes, de vieilles publicités et tous les accessoires du bistrot vieille France. On aime aussi y glaner des meubles et objets divers et variés, de toutes époques. Jetez aussi un oeil sur la sélection brocante du bâtiment, vous pourrez y dénicher des portes de placards, d'anciennes persiennes ou des cadres de cheminées.

Le truc en +

Ouvert les dimanche. Réalise aussi des travaux d'aménagement de bar et des meubles de métier pour toutes sortes de commerces.

MicMac - Brocante du plan incliné
Z.A. Hofmühl - 57820 Saint-Louis
06 06 64 26 22
micmac@micmacfrance.com
www.micmacfrance.com

Le Musée du Bagage

➤ Atelier et exposition

Bienvenue dans le paradis des bagages et des malles anciennes. Jean-Philippe et Marie Rolland se sont passionnés il y a plusieurs années pour ces objets synonymes de voyage, d'histoires de familles et de savoir-faire ancestral. Aujourd'hui ils ont réuni leur collection de plus de 600 malles dans un musée incroyable et unique en Europe.

Vente, restauration et création de malles

C'est chez eux que vous dénicherez la Wardrobe de vos rêves ou une malle cintrée en cuir pour donner du charme à votre chambre à coucher. Des plus ordinaires aux plus luxueuses, le stock de malles à vendre de Jean-philippe et Marie est sans cesse en mouvement, les acheteurs du monde entier viennent ici.

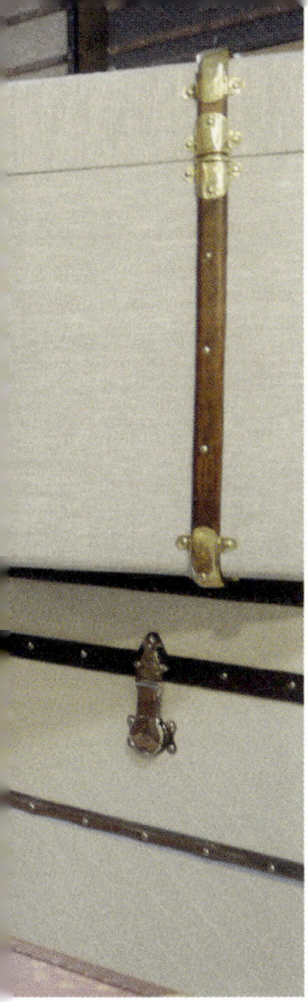

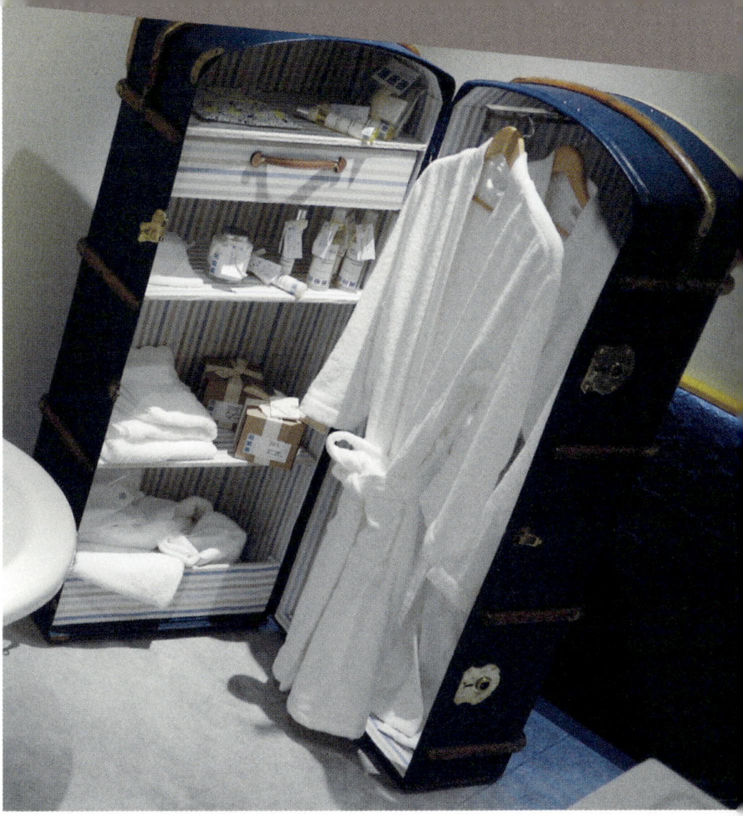

Et comme ces collectionneurs aiment aller au bout des choses, ils ont appris les techniques de restauration. Dans leur atelier attenant au musée, ils redonnent vie aux pièces anciennes suivant les gestes précis des maletiers. Jean-philippe pour la partie menuiserie, travail du cuir et des quincailleries et Marie pour le travail délicat de l'intérieur en tissu ou papier.

S'ils chinent une malle sans grande valeur, ils aiment la détourner de sa fonction première. Par exemple cette étonnante malle devenue bureau ou étagère à CD.

Pour nos envies déco ils imaginent aussi des malles neuves en dressing, meuble tv ou table de chevet. Demandez-leur une malle sur mesure en fonction de vos besoins.

Musée du Bagage
5 rue Saint-Exupéry - 67500 Haguenau
03 88 93 28 23 (Sur rendez-vous)
rollandjpr@gmail.com
www.museedubagage.com - www.la-malle-en-coin.com
Musée du bagage

Le truc en +

Faites votre shopping sur leur site www.la-malle-en-coin.com. Bien utile leur stock de pièces détachées : serrures, poignées, clous et charnières pour la restauration de la malle de votre grand-mère.

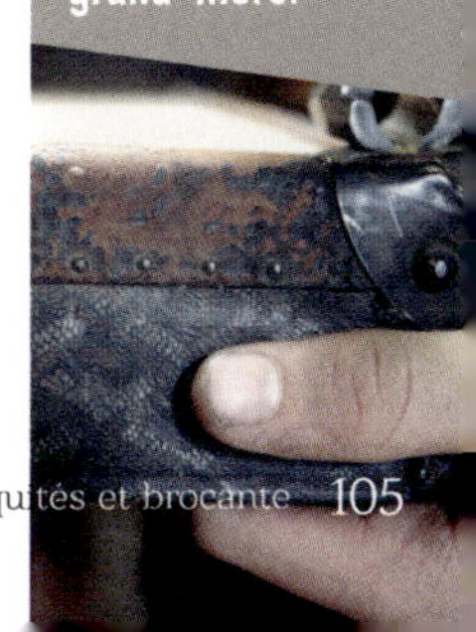

Atelier Belle Lurette

Le truc en +

Venez avec vos meubles ! Sophie s'occupe aussi de redonner un coup de peps au mobilier de votre grand-mère.

On craque pour l'univers de Sophie et son atelier. Passionnée par l'histoire des objets et du mobilier des années 40 à 80 elle chine et restaure avec douceur et finesse. Entre ses mains une commode, une enfilade, une table basse prennent des couleurs et un bon coup de fraîcheur. Pas de fausses notes, les tons sont pastels, de temps à autre une touche de fluo pour le fun, mais toujours dans le respect du meuble. Au détour d'une bonne affaire elle glane accessoires rétro et petits objets qu'elle propose à la vente comme des miroirs en rotin ou de la déco en crochet. On aime aussi sa sélection de meubles et objets pour les chambres d'enfants. C'est chez elle que vous pourrez dénicher un berceau en osier ou une authentique table d'écolier.

Atelier Belle Lurette - Sophie Dietrich
33 rue du Maréchal Joffre - 68920 Wintzenheim
06 61 54 18 27 (Sur rendez-vous)
www.bellelurette.eu
Belle Lurette

Brocante chez Fred

Ici les maîtres mots sont: convivialité et bonnes trouvailles. A quelques pas de la gare de Strasbourg cette caverne d'Ali Baba est inépuisable. Fred aime la rareté, l'originalité et déteste le vide ! Il a l'art d'empiler les meubles et les objets insolites, il faut prendre son temps pour tout explorer et c'est difficile de sortir les mains vides. Les meubles sont dans leur jus et les objets attendent d'être détournés ou reloockés. Armoire à pharmacie, collection de cartes d'écoles, trophées de chasse en tout genre, vieux jouets, il y en a pour tous les âges et toutes les bourses.

Le truc en +

Son café, un délice ! Fred prête volontiers ses trouvailles pour des décors, des shooting photos ou tout autre occasion. Une démarche qui se respecte.

Brocante chez Fred
29 boulevard de Nancy - 67000 Strasbourg
Brocante Chez Fred

Clockwork Orange

Un showroom où le temps s'arrête, dans un lieu caché comme on aime et une rencontre avec de vrais passionnés du XXe siècle. Darrell King est anglais jusqu'au bout de ses lunettes. Ses trouvailles vont d'une table Knoll originale aux accessoires futiles en plastique orange typique des 70's en passant par une collection de luminaires excentriques. Si vous cherchez à donner une touche seventies et british à votre déco cette adresse est incontournable. Nouveauté : Darrell mixe son showroom avec celui de la boutique Polychrome à Strasbourg (voir p. 112).

Clockwork Orange - Darrell King
Parc d'activités Greber
91 route des Romains - Bâtiment C - 67200 Strasbourg
06 66 33 15 38
67darrell.k67@gmail.com
www.clockworkorange67.com
CLOCKWORK ORANGE

La Cabane de Jeanne

Le truc en +

Une couturière se trouve aussi sur place et l'atelier accueille régulièrement des expositions, concerts, soirées thématiques et ventes privées.

Dans un ancien entrepôt, Valérie Neunlist se passionne pour la patine de meubles chinés. D'anciennes tables de chevet années 50 retrouvent éclat et nouvelles couleurs sous son pinceau. On trouve dans son atelier des fauteuils retapissés avec ce goût vintage qu'on aime tant, des canapés juste rafraîchis mais dans leur jus, une belle collection de coiffeuses années 50, des commodes, des petites tables reloockées et aussi des créations récentes. Elle vient de sortir une nouvelle gamme de mobilier neuf en collaboration avec Tino, inspiré du vintage scandinave : des enfilades imprimées de motifs géométriques directement sur le bois, des tables basses, des plateaux de cuisine et même des coussins. Une adresse pleine de ressources.

La Cabane de Jeanne - Valérie Neunlist
152 route de Bischwiller - 67300 Schiltigheim
06 68 48 81 80
contact@lacabanedejeanne.fr
www.lacabanedejeanne.fr
La cabane de Jeanne
Valérie Neunlist

Legrand Design

Grand amateur de polychromes alsaciens, Olivier s'est installé un showroom au rez-de-chaussé de sa magnifique maison datant de 1860. Un écrin de charme pour une collection d'art populaire alsacien chinée avec soin. Qui se complète depuis peu par une sélection pointue de mobilier industriel et vintage dans un style scandinave comme on aime. Dans la grange de la maison, son fils Gauthier suit les traces de ses parents et met en scène fauteuils en skaï, table en palissandre et vestiaire en métal. On aime ces endroits à explorer, chaque objet ou meuble attire l'oeil, tout est en parfait état, on n'est pas à l'abri du coup de coeur. Une nouvelle adresse pour les mordus de vintage. Marie-Christine, la maman, tient une charmante boutique à Ribeauvillé, où le Kelsch est roi (voir p. 95).

Legrand Design
95 rue du Maréchal Foch - 67730 Châtenois
06 85 20 49 67 - 06 77 09 99 36
www.legrand-design.fr
Legrand Design

Le truc en +

Leur mobilier industriel et vintage est souvent présenté dans les marchés de brocante partout dans la région. Suivez l'actualité sur leur site web.

Les Gentlemen Designers

Le truc en +

Ils réalisent aussi des meubles neufs en collaboration avec des artisans du coin et toujours inspirés des lignes épurées du design du XXe siècle.

Clément et Julien s'installent il y a trois ans avec leur meubles chinés et reloockés dans une ancienne grange d'Handschuheim, près de Strasbourg. Leur dada c'est redonner vie aux meubles les plus usés. Chaises en Formica, armoires métaliques, fauteuils club et petits objets rétro sont poncés, réparés, repeints, détournés, pour les remettre au goût du jour.

Les Gentlemen Designers
19 rue Principale - 67117 Handschuheim
Julien : 06 88 38 59 57 - Clément : 06 30 89 97 58
info@gentlemendesigners.fr
www.gentlemen-designers.fr
Gentlemen Designers

Original Design

➤ Mobilier et objets du XXe siècle

Luc adore surprendre ! C'est vrai que sa boutique n'est pas grande, mais il trouve toujours une quantité de meubles et d'objets uniques à présenter. Des chaises de Verner Panton violettes, une lampe montée sur rotule, une collection de céramiques Vallauris. Passionné par ces « 30 glorieuses où l'on avait le pétrole et les idées » comme il dit, il chine aussi volontiers des objets des années 80. Le temple du XXe siècle, incontournable pour approfondir votre collection avec des pièces bien spécifiques que vous ne trouverez pas dans tous les intérieurs.

Original Design
57 Grand Rue - 68000 Colmar
03 89 23 22 48 - 06 11 49 17 54
contact@originaldesign.fr
www.originaldesign.fr

Oscar Design

➤ Antiquités du XXe siècle

Arnaud est un vrai spécialiste du XXe siècle, chineur de la première heure, c'est aussi une belle rencontre à faire. Il n'a pas de boutique mais son dépôt est à Strasbourg-Neudorf et c'est là qu'il vous reçoit sur rendez-vous. Du coup le shopping se fait essentiellement sur sa page Facebook, tous les jours des nouveautés avec des grands noms du vintage comme Eames, LeCorbusier, Knoll, Cassina. Si vous cherchez les incontournables du mobilier industriel vous ne serez pas déçus : une chaise longue Tolix, une collection impressionnante de casiers et vestiaires Strafor, et toutes sortes de luminaires façon spot à l'ancienne, très déco.

Oscar Design
6 rue de Thann - 67100 Strasbourg
03 88 34 54 83 - 06 08 52 36 87 (Sur rendez-vous)
oscardesign67@yahoo.fr
Oscardesign antiquités du XXème

Le truc en +

Arnaud est toujours à la recherche de nouvelles trouvailles. Contactez-le si vous videz votre grenier. Il réalise aussi pour vous des petits chantiers de rénovation et de décoration d'intérieur avec un oeil averti pour l'alliance de l'ancien et du contemporain.

Pêle-mêle

➤ Vintage - Design - Bijoux

Le truc en +

Une très belle sélection de bijoux de créateurs et régulièrement des expositions d'artistes.

Petite boutique où meubles et objets vintage côtoient du mobilier design signés Sengtaï Bambou, Cocodesign ou Zuiver. Laurence Di Costanzo a su créer un univers tout en finesse où art et mobilier cohabitent en toute simplicité. Lignes épurées, élégance et une certaine touche de féminité pour cette adresse toujours pleine de surprises.

Pêle-mêle
9 rue des Veaux - 67000 Strasbourg
03 88 32 54 59 - 06 78 41 43 49
pele.mele.strasbourg@gmail.com
pêle-mêle

Polychrome

La petite boutique d'Hugo Payet est désormais bien connue des amateurs de vintage. Petit mobilier, luminaires, objets insolites et même un peu de vêtements, il a choisi de mêler grands noms du design et illustres inconnus. Toutes les pièces sont d'époque 50, 60 et 70, pas de rééditions ou de copies. La bonne nouvelle c'est qu'il y en a pour toutes les bourses, une déco vintage abordable, pop et ludique. Depuis peu il s'associe avec Darrell King, Clockwork Orange installé Route des Romains à Strasbourg. Ces deux passionnés du mobilier XXe siècle mixent leurs collections dans leurs showrooms respectifs. Darrell ramène d'ailleurs avec lui une belle collection de vinyles punk rock (voir Clockwork Orange p. 108).

Polychrome
5 rue de l'Arc-en-Ciel - 67000 Strasbourg
09 81 94 59 25
contact@boutique-polychrome.fr
www.boutique-polychrome.fr
Polychrome

Salon Sloan

Nicolas est un jeune passionné de photographies anciennes et d'objets d'antiquité. Après une formation dans le commerce de l'Art à Paris il revient en Alsace avec l'envie d'ouvrir une galerie pas comme les autres : mélanger des meubles anciens aux toiles et photographies, le tout dans une ambiance très jazz à New York. Un mix qui fonctionne bien. Dans sa petite galerie on craque pour une photo d'anonyme des années 50, ou pour un fauteuil club juste patiné comme il faut. Il chine ses coups de coeurs et les propose à la vente, avec une histoire derrière chaque trouvaille et cette étincelle dans les yeux quand il vous la raconte. Une belle rencontre pour de beaux objets !

Salon Sloan
5 rue des Veaux - 67000 Strasbourg
03 67 07 88 96
www.salon-sloan.com
Salon Sloan

Titi International

➤ *Dépôt-vente - Brocante*

Le truc en +

Trois adresses en Alsace. Ouvert les dimanches de 14h à 18h.

Un vaste hangar où vous trouverez des objets d'occasion du quotidien à petits prix : bibelots, meubles, tableaux, livres, bandes-dessinées, disques ainsi qu'une sélection de produits neufs très abordables comme des meubles, de la literie, du high-tech. Un endroit où faire de bonnes affaires en toute simplicité. Vous pouvez aussi y déposer vos objets en dépôt-vente, une vrai caverne d'Ali Baba. Fait partie du réseau des dépôts-ventes indépendants en France (DVIF).

Alsa Troc
55 route de Marienthal - 67500 Haguenau
03 88 06 11 74

Titi International Saverne
15 rue de Bouxwiller - 67790 Steinbourg
03 88 00 86 18

Titi International Strasbourg Illkirch
14 rue de l'Industrie - 67400 Illkirch-Graffenstaden
03 88 40 36 02

www.dvif.fr
TITI INTERNATIONAL-DVIF-DEPÔT VENTE

Ville et Campagne

Le truc en +

C'est la bonne adresse pour dénicher des décorations de Noël élégantes : boules en verre, petits sujets mercurisés ou étoiles en argent, de quoi réaliser une décoration de fête chic et intemporelle.

Sur les quais de Strasbourg dans une petite maison à colombage il faut passer sous le porche Renaissance pour que la boutique dévoile ses trésors. On y découvre un mélange de pièces anciennes : argenterie, miroirs vénitiens, vieux lins, petits meubles ; et des créations récentes telles que des bougies, des peintures, du linge de table. On aime cette ambiance féerique, la sélection d'objets raffinés et toujours romantiques.

Ville et Campagne
23 quai des Bateliers - 67000 Strasbourg
03 88 36 96 84

Artisans, créateurs et designers

6

Nous avons la chance en Alsace

de compter de nombreux et talentueux artisans
dans des domaines aussi variés que la menuiserie,
la ferronnerie, le tissage, l'art du poêle...
Certains de ces professionnels jonglent entre artisanat et art.
Leur savoir-faire ancestral se met aujourd'hui
au service d'une créativité débordante.
La chaise alsacienne traditionnelle s'habille de métal
pour s'installer dans une cuisine déjantée,
de vieux objets inusités se transforment en lampes
de charme pour le plus grand plaisir de nos intérieurs.
L'artisanat n'est plus ringard, il utilise les codes régionaux
pour créer une déco résolument dans l'air du temps.
Pourquoi hésiter ?

Alix Videlier et Menuiserie Fabar

➤ Mobilier alsacien revisité

Alix est un jeune designer qui revisite le mobilier traditionnel alsacien avec son compère Malo Mangin. C'est la menuiserie Fabar qui s'occupe de la production. Ils réalisent une table, des chaises et un banc, c'est la gamme 220 V. On adore les lignes épurées et le bois de chêne blanc, les pieds évasés et ronds rappellent leurs ancêtres dans les stub alsaciennes, le coeur traditionnel percé dans le dossier de la chaise est stylisé et remplacé par un triangle très tendance. Les dimensions peuvent être adaptées à vos besoins. Très arty !

Alix Videlier
8 rue de la Roseraie - 67300 Schiltigheim
06 31 50 52 17
www.alixvidelier.com
Alix Videlier Designer

Menuiserie Fabar
11 rue du Muckenthal - 67140 Barr
03 88 08 40 33 - 06 14 66 63 61 (Sur rendez-vous)
www.fabarmeubles.com

Alsatrucs

➤ Editions d'objets alsaciens revisités

Plutôt maligne cette collection d'objets signés par des artisans d'art qui revisitent les codes de l'Alsace. De l'ébéniste qui imagine un cheval à bascule en forme de bretzel aux verres à eau taillés dans les fonds de bouteilles de vin d'Alsace de couleur verte, voilà des clins d'oeil design qui soutiennent la création locale et ponctuent notre déco de notes ludiques.

Alsatrucs - Anne Gravalon
1A place de l'Hôtel de Ville - 67140 Barr
06 86 42 87 53
www.alsatrucs.com
Alsa Trucs

Atelier Mallo & Seltz

➤ *Éditeur de mobilier contemporain*

Marc et David ont mis expérience et savoir-faire au service de l'objet. Ils proposent plusieurs modèles de tables haut de gamme qui associent esthétisme et fonctionnalité. Des lignes pures et contemporaines pour un mélange acier et bois massif. Dans un look industriel, sculptural, sophistiqué ou nature, chaque pièce est réalisée artisanalement et sur-mesure.

Atelier Mallo & Seltz
5 rue de la Forêt - 68890 Reguisheim
David Seltz : 06 72 76 87 59 - Marc Mallo : 07 85 59 94 69 (Sur rendez-vous)
www.malloseltz.com
Haute Ebénisterie Mallo & Seltz

Atelier Xavier Noël

➤ *Doreur ornemaniste*

Xavier est un doreur d'exception, il restaure des cadres, du mobilier et des pièces rares pour des confrères, mais ce qui l'anime par dessus tout c'est de laisser libre cours à son imagination pour sculpter des masques et transformer des bouts de bois. Ses feuilles d'or se mêlent alors à des couleurs vitaminées qu'on adore et ses personnages hypnotiques prennent vie, apportant une touche wild chic à nos murs. Une douce vague ethnique souffle dans son atelier. Entre plumes d'indiens et poissons préhistoriques, la poésie est au rendez-vous. Un vrai coup de foudre !

Atelier Xavier Noël
2b rue de la Chapelle - 67100 Strasbourg
06 71 72 38 57 (Sur rendez-vous)
www.atelierxaviernoel.fr
Atelier Xavier Noël

Cécile Mairet

➤ Créatrice de fauteuils et canapés

Un canapé ou un fauteuil made in Alsace c'est possible. Sur mesure, colorées ou pas, les réalisations de Cécile sont surtout l'aboutissement d'une réflexion et d'une vraie démarche créatrice. Cette membre dynamique de la FREMAA (Fédération Régionale des Métiers d'Art) est avant tout une tapissière d'art et son imagination n'a pas de limites. Elle travaille beaucoup les formes et motifs géométriques, ses canapés sont vitaminés et apportent une dimension contemporaine à vos intérieurs. Elle associe et mixe les matériaux nobles et les plus modestes. Elle propose également un série de poufs très abordables. Elle maîtrise aussi les techniques de laque pour une finition élégante.

Cécile Mairet
79 rue des Églises - 67290 Tieffenbach
06 30 27 32 84 (Sur rendez-vous)
www.cecilemairet.com

Collections et Compagnie

➤ Editions d'objets alsaciens revisités

Marie-Noëlle Barthelmé, Anemarie Bendel et Guy Untereiner s'associent pour créer des objets inspirés de l'iconographie alsacienne et mis au goût du jour. Ils travaillent beaucoup les silhouettes : en carton imprimé, en métal ou en plexiglas à poser dans son intérieur pour une touche de tradition revisitée. Beaucoup de créations en métal pour le jardin et des pièces à suspendre au sapin de Noël aussi. Pas de fausses notes et toujours beaucoup de poésie pour ces créations made in Alsace.

Collections et Compagnie
68000 Colmar
06 68 98 85 13
collectionsetcompagnie@gmail.com
Collections et compagnie

Comptoir du Design

➤ Éditeur de mobilier

Le truc en +

On craque pour les pièces uniques customisées par des graffeurs mulhousiens comme Ferni, Niak ou Sven.

Lucas est designer, il décide de rassembler artisans et designers de la Région pour proposer du mobilier créatif, actuel et réalisé en circuit court. Avec le soutien de DS Design à Rixheim, spécialisé dans la création en métal, il réalise ses premiers prototypes et installe son showroom dans leurs locaux. C'est un vrai coup de coeur ! Aujourd'hui il propose plus d'une dizaine de pièces de différents créateurs : tabourets, tables basses, consoles, coussins, fauteuils, accessoires de bureau. Une adresse pour les amoureux de design original pour tous les budgets.

Comptoir du Design - Lucas Stoppele
5 avenue Colbert - 68170 Rixheim
06 17 09 34 28 (Sur rendez-vous)
www.comptoirdudesign.fr
Comptoir Du Design

Création Alsace

➤ Objets déco

Un regroupement de créatrices passionnées et pleines d'énergie qui travaillent le bois, le tissu et la céramique pour apporter à nos intérieurs une touche subtile d'Alsace. Le coeur est omniprésent dans leur inspiration, qu'il soit chantourné en bois prêt à être accroché au au sapin, ou en tissu fleuri, il devient le petit détail douceur ou le cadeau original. Vous trouverez des décorations de Noël, des objets décoratifs, des sujets et lettres en bois pour une chambre d'enfant. Visitez les ateliers, on vous garantit de belles rencontres conviviales.

Au Ptit Bonheur - Chantournage bois - Muriel Schumacher
71 route du Vin - 67680 Nothalten
03 88 85 20 93 - 06 80 18 68 71
www.auptitbonheur.fr
Au p'tit bonheur

Christiane Koch - Coeurs tissus
67140 Gertwiller
06 71 80 89 51 (Sur rendez-vous)
www.coeurskoch.blogspot.com
Christiane Koch Créatrice de coeurs

Coup d'Coeur - Poterie Artisanale - Muriel Grosz
32 rue du Vignoble - 67140 Eichhoffen
03 88 08 34 96 - 06 78 87 46 02 (Voir horaires)
www.coupdcoeur.com

www.creation-alsace.com
Création Alsace

DE Design

➤ Créateur chaudronnier

David Enjalbert est chaudronnier d'art et se passionne pour la région. Il décide alors de révisiter la chaise alsacienne. En aluminium elle se décline nature ou colorée, pour une table ou en mode snack. Les pieds sont évasés et le dossier sculpté mais quelle ligne contemporaine ! Un formidable clin d'oeil à l'Alsace avec un look très fun et des couleurs laquées vitaminées. Une belle renaissance et un beau savoir-faire réalisé dans la région.

DE Design - David Enjalbert
06 21 04 50 33
david.enjalbert@de-design.fr
www.de-design.fr
D.E-DESIGN

★ Vive l'Up-cycling ★

Anne-Marie Ambiehl

➤ L'art de prolonger la vie des objets

Cette artiste plasticienne détourne avec poésie et humour les objets trop vieux, cassés ou sans âme pour réaliser des oeuvres d'art intemporelles et étonnantes. Elle se dit artiste-assembleuse et ne travaille qu'à partir de matériaux de récupération. Son inspiration vient des objets eux-mêmes et de leur histoire. Elle s'est alors formée à différentes techniques d'artisanat pour assembler au mieux sa matière première.

Anne-Marie Ambiehl
Motoco - Bâtiment 75
13 rue de Pfastatt - 68200 Mulhouse
06 67 64 80 26 (Sur rendez-vous)
Anne-Marie Ambiehl

Balade Home

➤ Cabas recyclés

Nathalie recycle les revêtements de sol en pvc rigide pour créer des cabas, sacs et rangements originaux. Elle travaille avec des poseurs qui lui fournissent leurs chutes, elle sélectionne surtout des tons colorés ou des motifs géométriques, elle découpe les éléments et les coud ensemble. On a ainsi le choix entre un grand sac pour la plage avec des anses, un cabas élégant près du canapé pour les magazines ou le plaid, de petits pots assortis pour les produits de beauté de la salle de bains, ou de grands bacs pour le linge sale.

Balade Home - Nathalie Teufel
98 Grand Rue - 68320 Jebsheim
06 13 01 26 46 (Sur rendez-vous)
Balade Home

Brun Nature

➤ ***Objets et mobilier en bois flotté***

Eric Junod est fasciné par le bois flotté, il le ramasse le long du Rhin et s'en inspire pour créer des luminaires originaux, du petit mobilier et des oeuvres d'art. Avec finesse et créativité, le style de ses créations est résolument contemporain. Chaque pièce est unique, pour les luminaires il s'inspire des lampes d'architecte qu'il conçoit au format XXL. Une adresse sûre pour apporter une touche nature design à votre déco.

Brun Nature - Eric Junod
11 allée du Quatelbach - 68390 Baldersheim
06 51 69 61 70
www.brunnature.canalblog.com
Éric Junod

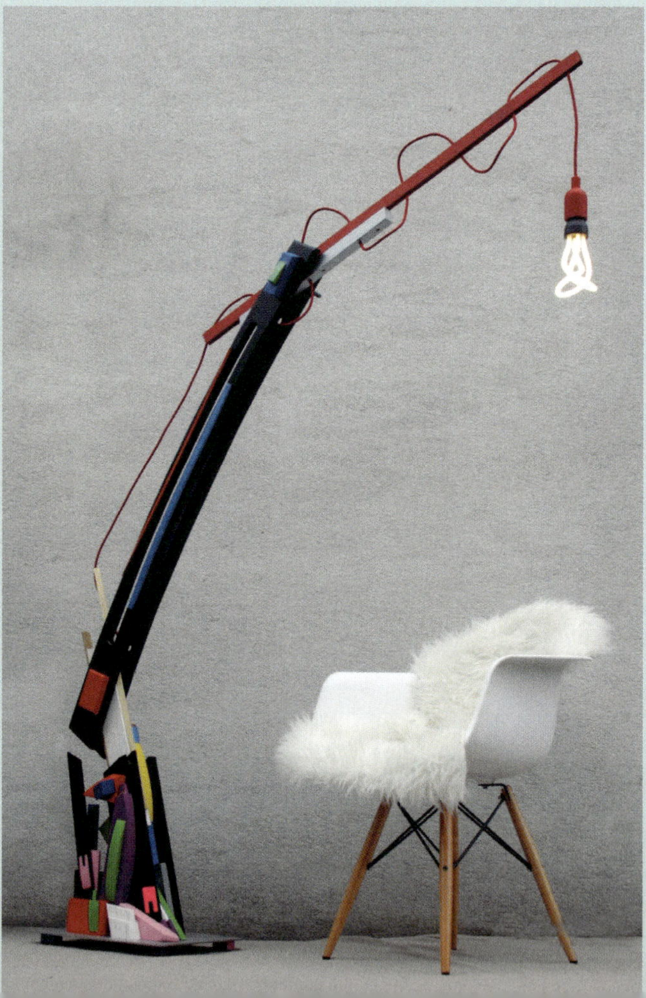

Justine and Cow

➤ Trophées en tissu

Des trophées pas comme les autres. Justine donne vie à des créatures douces et toutes fragiles qui cherchent un foyer accueillant. A partir de tissus récupérés et de structures en métal chaque pièce est unique. On adore la poésie qui se dégage de ces créations, certaines sont réalisées à partir de poupées et d'autres se portent même en broche à la veste. Un coup de foudre pour ces têtes pleines d'histoires et surtout confectionnées avec amour et humour par une plasticienne débordante d'imagination.

Justine and Cow - Justine Millat
Rue Forlenberg - 67170 Brumath
06 84 54 47 58
justineandcow@gmail.com
http://justineandcow.canalblog.com
Justine and Cow

La Ressource

➤ Mobilier en palettes recyclées

Enfin un atelier qui recycle les chutes de bois et les palettes pour réaliser du mobilier contemporain. Une gamme pour l'intérieur qui peut être traitée aussi pour l'extérieur : table basse, fauteuils, chaises longues, mange debout, tabourets de bar, niches à oiseaux, composteurs ou jardinières... et les possibilités sont multiples. Le bois récupéré est nettoyé et traité traité à l'état brut de façon industrielle, ou alors poncé et fini avec des vernis incolores. La gamme est visible dans le showroom mais beaucoup de pièces peuvent être réalisées sur-mesure. Une vraie démarche éco responsable et une équipe dynamique comme on aime !

Le truc en +

Ils réalisent des décors pour de l'évènementiel ou des agencements de boutiques.

La Ressource
81 rue du Rhin Napoléon - 67000 Strasbourg
09 82 57 09 78 - 06 51 20 72 53
www.la-ressource.com
La Ressource

Le P'tit Baz'Art Espoir

➤ *Création objets et mobilier*

Une boutique atelier où l'art du recyclage est au service de la solidarité. Liée à l'association Espoir de Colmar, elle crée des emplois solidaires en recyclant des objets ou matériaux en fin de vie. C'est une véritable caverne d'Ali Baba où la créativité n'a pas de limites. Aux commandes des réalisations une artiste, Marie-Pierre Strack, à ses côtés une poignée d'employés et surtout des bénévoles fidèles qui ont « l'art de déceler dans l'extraordinaire banalité des choses leur puissance singulière ». Des cassettes audio deviennent des lampes, les couverts en argent de charmants ronds de serviettes ou des ressorts de matelas d'étonnantes appliques murales. Il y a aussi de petits meubles patinés et des fauteuils tapissés, jamais de mauvais goût et surtout beaucoup d'humour dans ces créations pleines de poésie.

Le P'tit Baz'Art Espoir
15 rue de Turenne - 68000 Colmar
03 89 24 39 22
www.lepetitbazart.com
Le P'tit Baz'Art

Le Temps des Belles Choses

➤ Création objets et mobilier

Nathalie a de l'or entre ses mains et une passion pour les vieux objets. A chaque retour de marché aux puces elle répare, ponce, patine, coud et confectionne de nouveaux objets : une cafetière, une trompette, un tamis devenus lampes ; une malle en bois peinte en blanc et noir ; des tissus en lin qui donnent de charmants coussins. Chaque pièce est unique et toujours empreinte d'audace et de poésie. Elle redonne vie aux vieux objets oubliés, une intemporalité et pour nous une envie de tout acheter. « Le Temps des belles choses c'est du travail, de l'humour et beaucoup d'amour ».

Le Temps des Belles Choses - Nathalie Millo Diaz
4 rue des Johannites - 67310 Bergbieten
06 25 65 54 82 (Sur rendez-vous)
www.letempsdesbelleschoses.fr
Le Temps des Belles Choses

Trendy Tub

➤ Mobilier en barils recyclés

Gérard Dumora a la bonne idée de recycler d'anciens barils issus de l'industrie pour créer des tables, luminaires, fauteuils et plateaux dans un style très industriel, customisés par des artistes souvent street art, le tout pour une déco tendance et éco responsable. On adore !

Trendy Tub - Gérard Dumora
Motoco - Bâtiment 75
13 rue de Pfastatt - 68200 Mulhouse
06 17 11 42 96 - 06 26 01 91 37 (Sur rendez-vous)
www.trendy-tub.com
Trendy-Tub

Doow

➤ *Éditeur de mobilier*

Dany est menuisier, il s'associe avec des designers pour proposer une gamme de mobilier actuel et original. La gamme de Fred Rieffel se décline autour d'un bois clair et brut avec une étagère, une chauffeuse et des tables basses. La table basse Victor est signée de l'artiste LXOne, une création graphique et modifiable à l'infini. On aime aussi beaucoup la bibliothèque 360° et la collection Manhattan de Tamim Daoudi, ou la gamme d'accessoires de cuisine Laline, de Julien Voarick. Avec la table et les chaises Tecton, Grégoire Ruault révèle la pureté du bois. Une des dernières créations c'est la table basse Tetrason réalisée avec plusieurs essences de bois et qui intègre des hauts-parleurs et un ampli. On adore !

Doow
10 rue du Vieux Chemin - 67200 Strasbourg
09 70 46 90 07 (Sur rendez-vous)
info@doow.fr
www.doow.fr

Fred Rieffel Studio

➤ *Designer*

Sans doute l'un des designers alsaciens édité par les plus grandes maisons de meubles : Roche Bobois, Cinna, Ligne Roset, Arfa, Pianca, SIF, Rodet. De la chaise à la bibliothèque en passant par la table, le canapé, la chauffeuse ou les objets déco en verre, le designer se frotte volontiers à tous les exercices. Toujours avec cette envie de concevoir du mobilier et des objets durables, l'ère du jetable il ne veut pas en entendre parler. Alors ses lignes sont épurées avec une pointe de douceur, une touche de couleur peps, beaucoup de bois, parfois nature et brut comme on aime. Les tissus se déclinent dans des couleurs douces et intemporelles. C'est toute la personnalité du designer qui transparaît dans ses créations : authentique, curieux, posé et inspiré.

Fred Rieffel Studio
4 rue de la Chartreuse - 67200 Strasbourg
03 88 12 65 10
info@fredrieffel.com
www.fredrieffel.com
Fred Rieffel- Designer

Géraldine Husson

➤ *Créatrice designer*

L'univers poétique de Géraldine nous touche. Créatrice aux nombreuses facettes, elle imagine entre autres des poufs en tissu et micro-billes aux formes organiques qu'elle confectionne elle-même. En forme de galets, ou de goutte, certains modèles se superposent, se tordent ou s'enroulent autour de nous. Les tons sont neutres : des dégradés de noirs et de gris, des tissus élastiques, satinés et très sensuels. Ses poufs sont réconfortants et épousent nos corps. Quand le pouf devient sculpture ! On adore !

Géraldine Husson
157 rue Boecklin - 67000 Strasbourg
06 89 54 85 21 (Sur rendez-vous)
www.geraldinehusson.com
Geraldine Husson

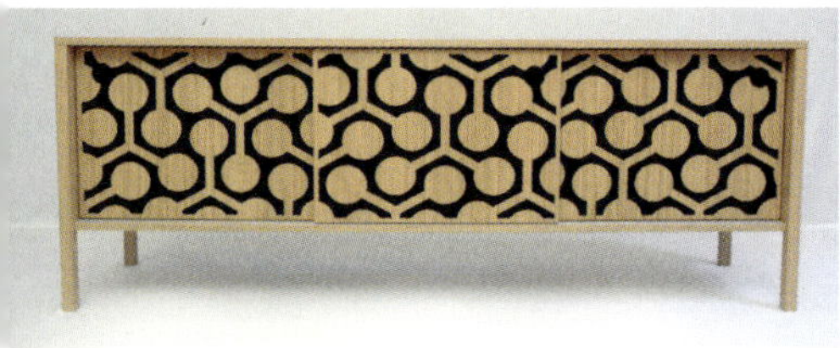

La Cabane de Jeanne

➤ *Éditeur de mobilier et restauration de meubles*

Valérie est une passionnée de meubles et de création. Dans son atelier showroom installé dans un ancien entrepôt elle patine du mobilier vintage avec des couleurs actuelles. C'est chez elle que vous trouverez d'anciennes coiffeuses remises au goût du jour ou des chevets années 50 reboostés en jaune peps. Sa dernière création est contemporaine puisqu'elle vient d'imaginer une gamme de mobilier neuf : le mobilier graphique, aux lignes inspirées des années 50/60 et imprimé avec des motifs géométriques noir et blanc, c'est très tendance et de belle qualité, on adore ! Suivez son actualité car elle propose régulièrement des soirées spectacles et des ventes.

La Cabane de Jeanne - Valérie Neunlist
152 route de Bischwiller - 67300 Schiltigheim
06 68 48 81 80 (Voir horaires)
www.lacabanedejeanne.fr
La cabane de Jeanne
Valérie Neunlist

La Créatelière

➤ *Objets brodés*

Carole est graphiste, elle crée des motifs et les transpose en broderie sur tous les supports en tissu possibles : coussins, fauteuils, abat-jour, nappes, sets de table, pochettes, torchons, rideaux, bavoirs, linge de bébé....Sa brodeuse lui permet de travailler tous les formats et motifs sur-mesure, vous pouvez ainsi venir avec vos envies pour personnaliser votre décoration. Elle propose à la vente des créations qu'elle brode et confectionne elle-même dans un style shabby chic sur des tissus de qualité en lin ou coton. On adore son oeil créatif et sa joie de vivre. Elle nous reçoit chez elle sur rendez-vous.

Le truc en +

Elle travaille avec un bon tapissier-décorateur, elle pourra ainsi vous proposer la réfection globale de vos fauteuils de grand-mère.

La Créatelière - Carole Larrieu
11 rue de la Patrie - 67300 Schiltigheim
06 80 10 49 56 (Sur rendez-vous)
www.lacreateliere.fr
La Créatelière

La Vitrine

➤ *Sélection de créateurs alsaciens*

Lieu de vente, d'expositions et de rencontres, cette petite boutique mulhousienne ne propose que des créations locales. Vêtements, bijoux, vaisselle, livres, oeuvres graphiques, accessoires pour enfants et bien sûr un peu de mobilier et de déco. Rencontrez régulièrement les artistes sur place et suivez leur actualité. Pour un cadeau original ou un objet insolite pour votre déco c'est l'adresse incontournable, le tout en mode Alsace, sans jamais se prendre au sérieux !

La Vitrine
53 avenue du Président Kennedy - 68200 Mulhouse
03 89 33 11 11
www.danslavitrine.com
La Vitrine

Le Bestiaire de Mary

➤ *Papier mâché*

Le truc en +

Elle peut réaliser l'animal de votre choix si vous lui demandez gentillement.

C'est sûr, les trophées ont le vent en poupe en déco ! Nous on craque pour les créations en papier mâché de Marie. Ses animaux, souvent de grande taille, apportent une touche insolite à nos murs : ours polaire, biche, éléphant, rhinocéros ou renard, Marie donne vie aux animaux qu'elle aime, sans jamais tomber dans le kitsch. Elle sculpte leurs traits et les façonne avec humour et poésie. Pour les plus petits intérieurs elle crée de petits bustes de chats en smoking, noir et blanc et très élégants.

Le Bestiaire de Mary – Marie Fauvin
Strasbourg
06 71 13 97 30 (Sur rendez-vous)
maryoflovers@gmail.com
Papier Mâché

Libre Objet

➤ *Édition d'objets*

Quand design rime avec insertion sociale : une association qui ne cesse ne nous étonner. Des personnes employées en contrats aidés réalisent, dans les ateliers strasbourgeois, des objets déco et du quotidien imaginés par des artistes alsaciens. Souvent à partir de matériaux récupérés comme les Biclous : des cintres en pneus de vélo que l'on adore ou les Cafbag : des sacs en vieux paquets de café. Tous les objets sont réalisés avec soin, les finitions sont impeccables et le design toujours de bon goût et avec humour. Très originale la lampe balai, ou celle réalisée à partir d'abaisse-langues en bois. Vous reconnaîtrez les Pinces Charmantes : de grandes pinces à linge en formes de couples très déco sur le bureau, ou encore les Cathédrales de Course pour les jeux de vos enfants.

Libre Objet
19 rue Thiergarten – 67000 Strasbourg
03 88 32 81 55 (Voir horaires)
www.libreobjet.com
Libre Objet Strasbourg

Michèle Wagner

➤ *Canivets*

Le canivet c'est l'art du découpage et surtout le mariage de la patience et de la minutie. Les créations de papiers découpés de Michèle donneront un caractère romantique à vos fenêtres. Elle les appelle ses rideaux de papier. Inspiré de l'art populaire alsacien du XVIIe siècle, le canivet était un élément de décoration au moment de Noël. Aujourd'hui cette dentelle de papier s'adapte à tous les moments de l'année et Michèle cisèle au cutter des scènes de vie, des oiseaux, des coeurs, des silhouettes alsaciennes, du kelsch... ainsi que des motifs plus modernes. Sublime !

Michèle Wagner
2 rue de la Couronne (cour du restaurant L'Ours) - 67240 Bischwiller
06 87 61 38 83 (Sur rendez-vous)
www.michelewagner.eu
Michèle Wagner

Mlle Mirabelle

➤ *Créations en crochet*

Débora est une touche à tout adepte du fait-main et à l'imagination débordante. On adore son coup de crochet pour notre déco. Elle confectionne des trophées d'ours ou de caribous à croquer, des champignons de toutes les tailles, des tapis ou des couvertures, ou encore des cactus du plus petit modèle à la version XXL très décoratifs dans votre intérieur. Ses créations en crochet apportent une touche rétro rigolote et on peut compter sur elle pour proposer de nouveaux modèles. Sa joie de vivre est communicative et vous pouvez même lui demander des réalisations sur mesure, gentillement bien sûr.

Mlle Mirabelle
67670 Waltenheim-sur-Zorn
06 51 67 66 55
http://mllemirabelle.canablog.com
Mlle Mirabelle

Patricia Baumgartner

➤ Objets en tissu et céramique

Cette passionnée de décoration a toujours créé et ces dernières années elle est tombée amoureuse du travail de la terre. Sa couleur : le blanc, pour notre plus grand bonheur ! On aime aussi beaucoup la touche de romantisme qu'elle met dans ses créations. Sa collection de pâtisseries est un régal pour les yeux : Ptit Lu, macarons, religieuses viendront donner une touche intemporelle à vos déco de table ou de cuisine. Son dernier dada : les champignons. Elle réalise aussi des créations à partir d'anciens lins brodés.

Patricia Baumgartner
Maison d'hôtes Quetsche et Mirabelle
13 rue du Château - 67640 Ichtratzheim
09 54 14 25 83 - 06 72 87 50 20 (Sur rendez-vous)
www.quetscheetmirabelle.com
Quetsche Mirabelle

Philippe Riehling

➤ Designer éco-logique

Réfléchir l'objet ou le meuble en pensant à l'impact de sa création, aux conséquences de son utilisation et à son avenir, voilà le moteur de la création de ce designer hors des sentiers battus et très attaché à sa région. Il revisite les codes du mobilier traditionnel alsacien pour notre plus grand plaisir, il crée aussi beaucoup de mobilier urbain, imagine parfois une boule de Noël et conçoit des rangements à partir de chutes de bois. La liste de ses réalisations est longue et inspirée, ce qui est sûr c'est qu'au travers de son travail les collaborations intelligentes se forment, l'impact sur la planète est adouci et notre intérieur prend un coup de frais.

Philippe Riehling
35 rue de Rathsamhausen - 67100 Strasbourg
06 23 07 04 55
www.riehling.com
Riehling / design éco - logique

Stitch Trash

➤ Broderie revisitée

Yann est un graphiste qui dépoussière la broderie traditionnelle. Son point de croix est inspiré de culture custom et street art. Il réalise des grilles avec des skaters, de petits martiens et des cow-boys, et même quelques têtes de mort gentilles. Du coup on peut réaliser soi-même des créations en point de croix tendance en suivant son livre ou acheter directement chez lui des coussins, cadres brodés, serviettes, coques de téléphone... on adore !

Stitch Trash - Yann Lerouvillois
4 rue Laegert - 67380 Lingolsheim
06 08 82 03 74
http://stitch-trash.blogspot.fr
Stitch Trash

Tamim Daoudi et Métallerie Hanssen

➤ Meubles en métal

Le designer Tamim Daoudi s'associe à cette métallerie strasbourgeoise pour concevoir la gamme Fold de mobilier en métal. Une collection alliant la force du métal et la finesse du matériau plié aux teintes légèrement cuivrées. La table majestueuse avec son plateau en verre est à la fois élégante et brute. Les chaises rehaussées de cuir blanc apportent une touche industrielle à votre déco. On craque pour les tabourets de bar aux lignes pures et brutes. Pour compléter le tout une lampe de bureau tout en finesse.

Tamim Daoudi
43 avenue des Vosges - 67000 Strasbourg
09 67 25 24 79 (Sur rendez-vous)
www.tamimdaoudi.com
Tamim Daoudi Design

Art de la table et linge de maison

7

Le linge de maison et l'art de la table, et avec eux, le « glamour » entre dans la maison...

Chacun a le souvenir émerveillé d'une table de Noël où brillent argenterie, porcelaine, cristaux sur une nappe immaculée. L'on sort ses pièces d'apparat pour fêter les événements d'une vie.
Mais l'art de la table c'est aussi la bonne vieille cocotte où mitonne une recette de bonheur tout simple, des torchons accrochés au four, des assiettes qui s'entassent dans un placard ou s'affichent en décor sur un mur (c'est tendance !).
Nos chambres, elles, se parent avec sérénité de draps de lin, de coton ou de soie, de couleur monacale ou colorés des impressions les plus vives, au gré de vos envies.
Avec le linge de maison et l'art de la table, c'est la déco qui rentre par la grande porte à petits pas dans nos intérieurs. Rien de plus facile en effet, que de se faire plaisir avec un mug pour son petit déjeuner, ou d'acheter quelques assiettes à thème pour personnaliser son dîner ou garnir son lit d'un charmant coussin.
Finalement l'idée du « trousseau » cher à nos grands-mères n'est pas si loin.

Ambiances & Styles

Une enseigne qui propose tous les accessoires, objets déco et ustensiles autour de la table. De la simple vaisselle en porcelaine blanche aux machines à Expresso en passant par des sets de table originaux ou des emporte-pièces rigolos, il y en a pour tous les goûts et tous les budgets.

Ambiances & Styles
5 place Saint-Pierre-le-Vieux - 67000 Strasbourg
03 88 32 91 07

Zone de Loisirs et Commerciale du Trèfle - 67120 Dorlisheim
03 88 47 25 99

81 Grand Rue - 67500 Haguenau
03 88 93 93 55

25 rue des Chevaliers - 67600 Sélestat
03 88 92 10 63

Zone piétonne - 43 Grand Rue - 67700 Saverne
03 88 91 14 10

6 rue du Château - 68130 Altkirch
03 89 40 26 54

1 rue du Lot-et-Garonne - 68700 Cernay
03 89 75 57 33

www.ambianceetstyles.com
Ambiance et Styles

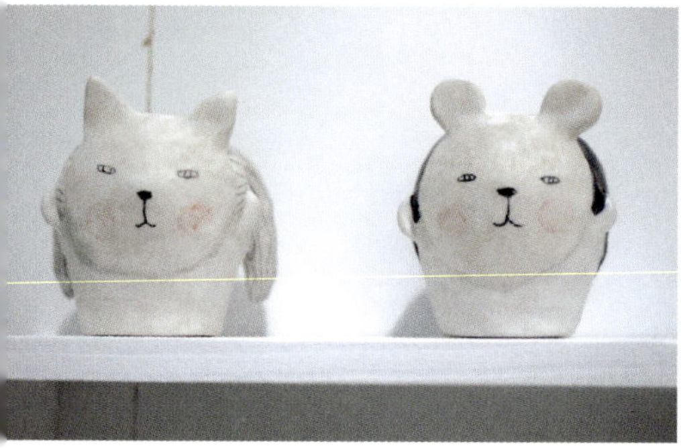

Atelier Petit Poisson Qui Navigue Droit

➤ Céramique

Toute la poésie de la Corée du Sud dans une collection d'assiettes, plats, bols, tasses et mugs. Yun Jung aime les couleurs douces et façonne toutes ses pièces au tour. Elle cherche à garder certaines imperfections et irrégularités, la trace de ses doigts. Résultat : des pièces épaisses et pleines de vie, adoucies par des couleurs pastel. Certaines pièces sont rehaussées de rouge ou de noir, coup de peps garanti. On aime aussi beaucoup ses sculptures qui apportent à nos intérieurs un souffle irréel.

Atelier Petit Poisson Qui Navigue Droit - Yun Jung Song
17 rue de Rosheim - 67000 Strasbourg
06 17 13 63 03
songsjuly@gmail.com
www.yunjungsong.com

Au Tombeau de la vaisselle

Un nom qui fait sourire pour une adresse imbattable sur la quantité de marques qu'elle propose. Plus de 100 références allant de Guy Degrenne à Villeroy&Boch en passant par Peugeot, Koziol ou Alessi avec en permanence -10 % sur les prix publics. Tous les styles, tous les budgets pour les arts de la table, articles culinaires, déco et cadeaux. On guette leurs promotions sur des grandes marques comme Le Creuset pour faire de bonnes affaires. Pour les inconditionnels de l'Alsace on retrouve les services Hansi, Obernai ou Jeannala et Seppala.

Au Tombeau de la vaisselle
5 rue de Ribeauvillé - 68180 Horbourg-Wihr
03 89 41 07 51
www.tombeau-vaisselle.fr
AuTombeau de la Vaisselle

Avenue d'Alsace

➤ Linge de maison

Caroline Lux est une professionnelle du textile. Il y a plus de quatre ans elle décide de lancer sa propre gamme de linge de maison. Elle imagine des motifs, les fait imprimer en France et termine par la confection dans la région. On adore son univers, inspiré de l'Alsace mais avec un regard frais et tendance. Torchons, nappes, tabliers, sets de table, pochons, sacs, coussins et même abat-jour sont déclinés dans des couleurs douces, avec une belle qualité de tissu.

Avenue d'Alsace
41 Grand Rue - 68000 Colmar
06 81 08 70 13
www.avenuedalsace.com
Avenue d'Alsace

Barbara Lebœuf

➤ Céramiste

Une belle adresse pour une belle rencontre. Nous aimons tout particulièrement sa collection d'art de la table. Une partie de sa collection est en porcelaine estampée, réalisée à la main. Tout en douceur, et empreints d'une belle irrégularité ses tasses, bols, assiettes, plats, saladiers, coupelles et vases apportent de la poésie et de la matière à nos tables. Leur contact est sensuel et le rendu mat est très élégant. Une série de bols estampés sont inspirés des bols côtelés de nos grands-mères, un style rétro particulièrement bien remis au goût du jour. Une autre partie de sa collection est réalisée au tour, donc beaucoup plus régulière, sans le côté « chiffonné » des précédents mais on retrouve l'aspect mat et translucide de la porcelaine. Elle y a d'ailleurs ajouté des oxydes métalliques pour une gamme de vaisselle blanche et grise plus ethnique chic.

Le truc en +

Son énergie est communicative et nous vous invitons à découvrir son atelier. Il est installé dans un caveau strasbourgeois et c'est un vrai bonheur de choisir ses pièces sur leur lieu de création.

Barbara Leboeuf
13 rue Sainte-Hélène – 67000 Strasbourg
06 21 27 29 22 (Sur rendez-vous)
contact@barbara-studio.fr
www.barbara-studio.fr
Barbara studio

Beauvillé

➤ Linge de maison

Une précieuse adresse pour dénicher les créations de la marque à prix d'usine. On y fera de très bonnes affaires sur les nappes, serviettes, torchons, sur le tissu d'ameublement et sur certains produits de décoration comme les coussins et plateaux. De quoi craquer pour les incontournables de marque, indémodables dans nos intérieurs. Les prix les moins chers concernent le linge de maison second choix.

Magasin d'usine Beauvillé
21 route de Sainte-Marie-aux-Mines - 68150 Ribeauvillé
03 89 73 74 74 (Voir horaires)
www.beauville.com
Beauvillé

Blanc des Vosges

➤ Linge de maison

Le truc en +

Ouvert tous les dimanches.

Le haut-de-gamme du linge de maison à prix d'usine, soit 20 à 30 % de remise sur le prix public. La marque propose deux collections par an qui sont aussi présentées dans le magasin d'usine. Sur d'anciennes collections on peut économiser jusqu'à 50 % et tous les articles sont de premier choix.

Blanc des Vosges
103 boulevard d'Alsace - 88400 Gérardmer
03 29 63 64 37
www.blancdesvosges.fr
Blanc des Vosges - Officiel

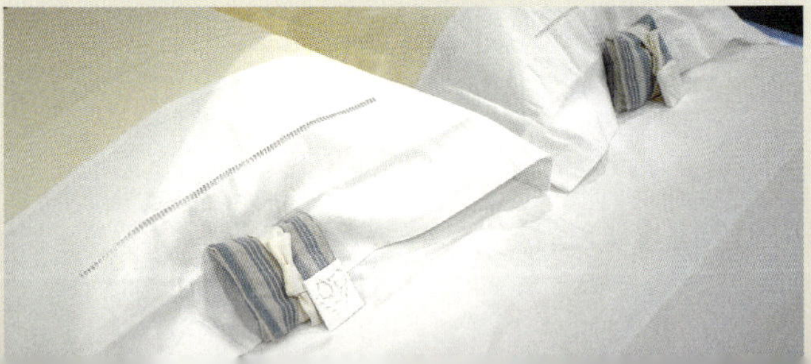

Faïencerie de Niderviller

➤ Arts de la table

On ne présente plus la manufacture royale de Niderviller, la plus ancienne de Lorraine et la seule à avoir produit de la porcelaine. A moins d'une heure de Strasbourg le magasin d'usine propose un grand choix de faïence et cristal. Le bon plan, ce sont les prix réduits sur les articles de 1er et 2e choix, de collections déclassées et des fins de séries : arts de la table, objets déco, bijoux et luminaires.

Faïencerie de Niderviller
2 rue de la Faïencerie - 57116 Niderviller
03 87 23 80 04 (Voir horaires, Ouvert le dimanche)
Faiencerie de Niderviller

Garnier-Thiebaut

➤ Linge de maison

La marque prestigieuse réputée pour ses damassés élégants compte encore deux usines dans les Vosges. Le magasin d'usine de Kichompré propose des fins de série et second choix avec des remises allant de -30 % à -50 % sur le prix public. On déniche du linge de lit, des nappes, torchons et linge de table et deux fois par an, fin octobre et fin décembre, les remises vont jusqu'à -60 % en raison du destockage de l'usine.

Le truc en +

Ouvert les dimanches de 14h30 à 18h30.

Garnier-Thiebaut
11 boulevard de Granges-Kichompré - 88400 Gérardmer
03 29 60 30 59
www.garnier-thiebaut.fr
Garnier-Thiebaut

La Maison de Balmy

➤ *Linge de maison*

Une entreprise basée dans la Vallée de Munster mais dont le magasin d'usine est à Gérardmer. On trouve à prix d'usine des tissus au mètre, des parures de lit, nappes, couettes, éponges avec tous les styles d'imprimés.

La Maison de Balmy - Aude de Balmy
14 rue des Remparts - 68140 Munster
03 89 77 86 86

Point de vente Munster
3 rue Marcel Haedrich - 68140 Munster
06 71 27 12 97

Point de vente Gérardmer
3 place de l'Eglise - 88400 Gérardmer
03 29 60 07 75

www.lamaisondebalmy.com

Le Jacquard Français

➤ *Linge de maison*

Pour s'offrir du linge de maison damassé de qualité, deux magasins d'usine sur Gerardmer : celui du centre-ville qui propose des prix remisés jusqu'à -40% sur les articles second choix de la collection en cours. Le second est encore plus intéressant puisqu'il va jusqu'à -60% des prix publics mais uniquement sur les seconds choix des anciennes collections.

Le Jacquard Français
35 rue Charles de Gaulle - 88400 Gérardmer
03 29 60 82 50

45 boulevard Kelsch - 88400 Gérardmer
03 29 60 95 65 (Voir horaires)

www.le-jacquard-francais.fr
Mademoiselle Jacquard

Ligne Verte

➤ Linge de maison et production de broderies

Une enseigne qui propose du linge de maison à prix attractifs avec un service de broderie en prime. Ils brodent sur des nappes, torchons, maniques, draps et serviettes leurs propres motifs mais peuvent aussi personnaliser vos serviettes ou peignoirs avec un nom ou des initiales.

Ligne Verte
2 chemin de Cleurie - 88400 Gérardmer
Z.I. Le Beillard
03 29 60 04 56
www.ligneverte.fr

Linvosges

➤ Linge de maison

Une maison de qualité qui travaille le coton, le percale, les éponges et propose du linge de lit en métis ou 100 % lin tout en finesse. Leur magasin d'usine est une mine d'or, les fins de séries sont à -40 % et -50 % et les seconds choix sont à -60 % et -70 %.

Le truc en +

Ouvert les dimanche en non-stop de 10h à 19h.

Linvosges
6 place des Déportés -
88400 Gérardmer
03 29 60 32 36
www.linvosges.fr
Linvosges L'amour du beau linge

Bouchara

Les deux derniers étages du magasin sont d'une richesse exceptionnelle pour dénicher votre prochain service à thé, vos nouvelles serviettes éponges ou remplacer vos torchons usés. Bouchara est une marque française de linge de maison, tissus et décoration qui offre à nos intérieurs un charme intemporel à des prix très accessibles. On aime beaucoup leur vaisselle, raffinée, authentique et élégante. On craque pour une bonbonnière, un pichet à eau ou une douzaine de verre à vin à moins de 60€. Le linge de lit est de belle qualité et il y en a pour tous les goûts.

Bouchara chez Eurodif
2 rue des Grandes Arcades - 67000 Strasbourg
03 88 32 71 55
www.eurodif.com

Boutique Jalla

➤ Linge de maison

Pour ceux qui connaissaient la boutique Matins Bleus à Mulhouse, la voilà rebaptisée boutique Jalla, du nom de la célèbre marque de linge de maison française. Précurseurs dans les éponges colorées et innovantes depuis les années 30, ils proposent aujourd'hui la technologie Extrasoft, une éponge très douce, et pour le linge de lit, les choix Mix & Match permettent des parures sur mesure. La boutique propose aussi d'autres marques comme Tommy Hilfinger, Jardin Secret ou Descamps. On y déniche aussi des accessoires déco et des plaids, coussins et couvre-lits de chez Winkler et Vivaraise pour le style bohème chic.

Le truc en +

On adore leur gamme de couettes et oreiller en duvet, made in Mulhouse s'il vous plaît !

Boutique Jalla
18 et 20 rue des Fleurs - 68100 Mulhouse
03 89 66 74 56
www.jalla-mulhouse.fr

Brindefil

➤ Atelier de broderie

Une excellente adresse si vous souhaitez personnaliser votre linge maison. Cet atelier brode pour les professionnels, les associations mais aussi pour les particuliers. Parure de lits, serviettes éponges, peignoirs, sorties de bain de bébé, torchons, serviettes ou nappes. Vous venez avec votre motif et votre support. Une bonne idée de cadeau de mariage, naissance ou anniversaire !

Brindefil
7 rue du Meunier - 68720 Froeningen
03 89 25 57 15
www.brindefil.com

Centre International d'Art Verrier

Le truc en +

Y aller au moment de Noël pour commencer une belle collection de boules soufflées, classiques ou design. Elles illumineront vos sapins !

La verrerie de Meisenthal : entre savoir-faire ancestral et création contemporaine, c'est une escapade à faire pour le plaisir des yeux. On y trouve l'atelier des souffleurs de verre ainsi qu'une boutique pour dénicher des créations design pour la maison. Le centre travaille avec des studios de designers de la région et partout en Europe pour que la création bouge ! On adore la collection de verres soufflés Bix des alsaciens V8 Designers, ou encore la Cantine à Oiseaux des Soeurs Grimaldi. Vases, carafes, pièces décoratives, l'originalité est au rendez-vous et souvent on ne trouve ces pièces nulle part ailleurs. Et quel enchantement de les voir se former sous nos yeux !

Centre International d'Art Verrier - CIAV
Place Robert Schuman - 57960 Meisenthal
03 87 96 87 16 (Voir horaires)
www.ciav-meisenthal.fr

Charlotte Heurtier

➤ Illustration et céramique

Le truc en +

Elle organise régulièrement des stages pour apprendre à ciseler la porcelaine ou créer des bols « habités ».

Une collection d'utilitaires et de pièces décoratives qui ne manque pas d'originalité. Toujours dans cet esprit blanc et pur que l'on aime tant, Charlotte travaille la porcelaine avec humour : ses coupes sont découpées, ses bols cachent des hiboux, ses assiettes racontent des histoires de canards. Elle imagine de drôles d'oiseaux ciselés à suspendre et ses illustrations céramiques sont pleines de poésie.

Charlotte Heurtier
33 rue de Ribeauvillé - 67100 Strasbourg
06 28 25 76 84
www.charlotteheurtier.fr
Charlotte Heurtier

Ets Leromain

Dans cette ancienne usine de tissage la boutique fait le bonheur des brodeuses et tricoteuses puisqu'on y déniche de la laine, du coton à tricoter, à crocheter et du fil à coudre. Mais c'est aussi une excellente adresse pour trouver des parures de lit, des draps et du linge de bain à des prix très intéressants avec des remises allant de -10 à -50 %.

Ets Leromain
1 rue du Merle - 68160 Sainte-Croix-aux-Mines
03 89 58 73 39
www.laine-coton-68.com

H&M Home

Certes une enseigne qui ne manque pas de notoriété, mais la marque de prêt-à-porter suédoise a choisi la ville de Mulhouse pour ouvrir son premier corner consacré à la maison. Une exclusivité qu'il faut souligner et des collections qui allient tendance et prix accessibles. On aime leur gamme lin doux : des plaids, housses de coussins, cache-sommier et parures de lit très élégants, nature et intemporels. On craque volontiers pour des torchons imprimés vintage, un plateau avec des perroquets ou des paniers de rangement en paille tressée. Tout l'univers de la maison : cuisine, salon, chambre et salle de bain décliné en couleurs douces, matières nature et imprimés tendance !

H&M Home
39 rue du Sauvage - 68100 Mulhouse
www2.hm.com

La Cerise sur le Gâteau

Anne Hubert revisite les codes rétro du linge de maison de nos grands-mères en associant à ses créations des messages rigolos, des coutures fluo ou des tissus décalés. Torchons, serviettes, nappes, tabliers, coussins, tote bag ou sets de table, sa collection est toujours pleine de fraîcheur, avec des couleurs qu'on aime, et des motifs fétiches comme les pois ou les gambettes. Sa toile de Jouy vient d'Alsace, son lin des Vosges et toutes les encres sont à l'eau. Revendeurs en Alsace :
L'Appart - 51 rue des 3 Rois - Mulhouse
Le Fou du Roi - 4 rue du Faisan - Strasbourg

La Cerise sur le Gâteau - Anne Hubert
68200 Mulhouse
09 63 02 73 75
www.lacerisesurlegateau.fr
LA CERISE SUR LE GATEAU

La Créatelière

➤ Linge de maison brodé sur mesure

Carole est graphiste, elle crée des motifs et les transpose en broderie sur tous les supports en tissus possibles : nappes, serviettes, sets de table, torchons, bavoirs, linge de bébé, rideaux… Sa brodeuse lui permet de travailler tous les formats et motifs sur-mesure. Vous pouvez ainsi venir avec vos envies pour personnaliser votre linge de maison.

Elle propose à la vente ses créations qu'elle brode et confectionne elle-même dans un style shabby chic sur des tissus de qualité en lin ou coton. On adore son oeil créatif et sa joie de vivre. Elle nous reçoit chez elle sur rendez-vous.

La Créatelière - Carole Larrieu
11 rue de la Patrie - 67300 Schiltigheim
06 80 10 49 56 (Sur rendez-vous)
www.lacreateliere.fr
La Créatelière

La Maison du Lin

Une adresse que l'on adore pour leur sélection de tissus au mètre : kelsch, mousseline de lin, lin épais idéaux pour faire ses nappes, chemins de table, rideaux et coussins sur mesure. Dans cette petite boutique on trouve aussi un large choix de linge de maison et objets déco en lin. Coup de coeur pour les torchons Charvet, des torchons métis ou en lin rétro comme on aime, très déco et surtout bien résistants.

La Maison du Lin
61 rue du Général Gouraud - 67210 Obernai
03 88 95 27 40

Laurence Labbé

➤ Céramiste

Véritable coup de coeur pour l'univers tendre et épuré de Laurence. Toutes ses créations sont faites au tour dans son atelier showroom. Elle aime travailler la porcelaine pour son aspect blanc, les couleurs qu'elle émaille sont toujours très douces. On trouve chez elle surtout des pièces utilitaires : bols, tasses, mugs, théières, pots à eau ou à lait, assiettes et quelques vases. Une belle reconversion pour cette ancienne architecte qui ne manque pas d'imagination.

Laurence Labbé
6 rue de l'Epine - 67000 Strasbourg
06 03 40 78 72
www.laurencelabbe.com
Laurence Labbé Céramiste / L'Atelier

Le Cellier

➤ Arts de la table

Une bien belle adresse dans un bien beau village. Le Cellier n'est pas uniquement pour les touristes ! On y découvre une large gamme de marques, des plus prestigieuses comme la collection Saint Petersbourg de Niderviller aux collections de faïences et porcelaines ludiques et accessibles. Le rayon des verres à vin et carafes est très intéressant comme cette collection de verres noirs très tendance. Ils sont spécialisés dans les accessoires à vin et vous trouverez aussi une petite sélection de linge de table.

Le Cellier
28 rue du Général de Gaulle - 68340 Riquewihr
03 89 47 85 62
www.boutique-cellier.fr
Le Cellier

Muik Design

➤ Illustration et céramique

Le truc en +

Une collection spéciale existe pour enfants en version dînette. À croquer !

Alexandra est une illustratrice qui touche à tout. Elle a surtout réussi à donner des bouilles malicieuses et naïves à ses tasses, services à thé, vases, petites cuillères et assiettes en porcelaine de Limoges qu'elle peint et cuit à haute température. Toutes ses pièces sont uniques, les peintures sont certifiées sans plomb et on adore collectionner ses créations. Un souffle léger qui traverse nos tables au moment de la pause café. On adore !

Muik Design - Alexandra Schumacher
67118 Geispolsheim
muikdesign@gmail.com
www.muikdesign.blogspot.com
MuikDesign Alex Schumacher

Musée de l'Impression sur étoffes Mulhouse

➤ La boutique

Une bonne adresse si l'on souhaite intégrer les motifs qui ont fait la renommée du textile à Mulhouse dans notre décoration contemporaine. A la collection de foulards, étoles, carrés et sacs vient s'ajouter une gamme linge de table et de toilette créée uniquement pour cette boutique. Un doux mélange entre des marques incontournables comme le Jacquard Français ou Pierre Frey et des créateurs alsaciens. Torchons et nappes sont imprimés dans des tissus inspirés des motifs de la collection du musée, les serviettes sont une exclusivité Europe de la marque japonaise Nishikawa et on trouve même un rayon pour les enfants avec des pochons range-jouets ou des guirlandes de fanion.

Le truc en +

Pour les amateurs de DIY le rayon des coupons est toujours une vraie mine d'or !

Musée de l'Impression sur étoffes Mulhouse - La boutique
14 rue Jean-Jacques Henner - 68100 Mulhouse
03 89 46 83 00
http://boutique.musee-impression.com
Musee Impression Sur Etoffes

Nayanaï

➤ Illustration et céramique

Naïma est illustratrice et céramiste, elle est imprégnée depuis toujours d'histoires de contes et de légendes. Grâce à son travail on met un peu de naïveté et de poésie dans notre vaisselle. Ses bols et surtout ses cuillères sont illustrés avec humour. Chaque pièce est unique, a sa forme singulière, en porcelaine émaillée. On raconte des histoires et on collectionne les expressions rigolotes.

Nayanaï - Naïma Madi
67000 Strasbourg
nayanai.illustrations@gmail.com
www.nayanai.canalblog.com
Nayanaï

Parc Wesserling

➤ La Boutique du Musée Textile

Une adresse à laquelle on ne pense pas mais qui offre de vrais trésors pour votre décoration. En plein coeur de ce site patrimonial, le textile est roi ! Nappes, torchons, pochons sont confectionnés sur le site du Parc de Wesserling. Les imprimés sont sélectionnés parmi les motifs anciens de la filature et remis au goût du jour par de jeunes designers textile.

Parc Wesserling
La Boutique du Musée Textile
Ecomusée textile
Rue du Parc - 68470 Husseren-Wesserling
03 89 38 28 08
www.parc-wesserling.fr
Parc de Wesserling - Ecomusée textile

Pierre Fraenkel

➤ Mugs inspirés

Avec Pierre pas de raccourcis, pas de détours, son travail passe par les mots, leur légèreté comme leur force, et ses mots ils les posent sur des murs et aussi sur des mugs, pour notre plus grand plaisir. « I Love you tout ! », « J'Peupa G piscine », « C KiKi Commande ». Un peu d'esprit sur nos étagères de cuisine, un sourire assuré au petit déjeuner et surtout des collections sans fin. Trouvez ses créations à La Vitrine à Mulhouse (voir p. 131).

Pierre Fraenkel
Atelier à MOTOCO - 13 rue de Pfastatt
68100 Mulhouse
06 65 14 96 66 (Sur rendez-vous)
alsacherie@gmail.com
Pierre Fraenkel

Tissage artisanal Mennesson

➤ Éponges et linge de lit

Une petite adresse en or trop souvent méconnue ! Philippe est le dernier tisserand d'éponges dans la région. Il propose une gamme de draps de bain, serviettes et gants de toilette brodés en jacquard et déclinés en six coloris, belle qualité garantie. Pour le lit il tisse et confectionne des draps, draps housses, taies d'oreiller et housses de couette en couleurs unies et imprimés à fleurs.

Tissage artisanal linge de maison Mennesson
2 rue du Maréchal Leclerc - 68420 Hattstatt
03 89 49 31 29
Du mardi au vendredi 9h-12h -14h-18h
Samedi 9h-12h - 14h-17h

Tissage Gander

Dernier atelier professionnel de tissage dans la région, c'est un lieu où tradition et modernité se mêlent pour offrir à nos intérieurs des tissus uniques. Leur spécialité, le kelsch : plus d'une trentaine de motifs différents qui se choisissent au mètre ou déjà confectionnés en nappes, chemins de table, sets, coussins ou rideaux sur mesure. En mélange de coton et lin « métis » ou pur lin, ce tissu alsacien s'intègre dans les intérieurs les plus contemporains. Osons les contrastes ! On est aussi beaucoup séduit par les tissus plus sobres en lin ou chanvre pour une déco rétro et brute comme on aime.

Le truc en +

Visitez leur atelier de tissage !

Tissage Gander
Point de vente Muttersholtz
10A rue de Verdun - 67600 Muttersholtz
03 88 57 75 84 (Voir horaires)

Atelier de tissage
6A rue de l'Etang - 67600 Muttersholtz

www.tissage-gander.fr

Virginie Gallezot

Le truc en +

Elle propose des cours dans son atelier. Tous niveaux acceptés.

On adore son travail de la porcelaine, tout en finesse. Virginie réalise des tasses à thé ou à café à partir de moules en plâtre et de porcelaine liquide la « barbotine ». Elle imprime des motifs plein de poésie, souvent des animaux. Toute une gamme de tasses est illustrée de sa main au crayon avec des hiboux très naïfs ou des motifs de broderie. Ses photophores sont inspirés de vrais galets.

Virginie Gallezot
14 rue des Poules - 67000 Strasbourg
06 76 86 40 30
www.virginiegallezot.com
Virginie Gallezot

Tapissiers-décorateurs

8

Nous adorons nos tapissiers-décorateurs.

C'est un artisanat qui semble un brin désuet, il évoque plus le vieux voltaire recouvert de velours passé que la bergère laquée recouverte d'un tissu pop. Et pourtant n'hésitez pas à franchir leurs showroom, car si les techniques ancestrales sont toujours d'actualité, ils ont su les mettre au service d'une déco complètement revisitée.
Et quel plaisir que de choisir un tissu dans les innombrables collections qu'ils vous proposent, des soies, des velours, des imprimés, des voiles, qui habilleront vos canapés, fauteuils aussi bien que vos fenêtres et même vos murs.
Vous regarnirez ainsi le vieux fauteuil trouvé aux puces, tendrez une toile sur le mur abîmé, occulterez vos fenêtres grâce à des rideaux seyants... Les idées sont infinies et le tissu reste un incontournable pour un intérieur personnalisé.

Ambiance Création

Jacques Knoepfli, plus connu sous le nom de Jacky est un personnage et un artisan incontournable. Cet ancien compagnon du devoir veut préserver son métier mais a su se tourner vers des techniques contemporaines. Avec son épouse, Corinne, ils vous accompagnent pour trouver le rideau de vos rêves, confectionner un store bateau ou changer le tissu du voltaire de votre grand-mère. Tout le savoir-faire d'un tapissier avec la bonne humeur en prime !

Ambiance et Création – Corinne et Jacques Knoepfli
57 Grand Rue – 68150 Ribeauvillé
03 89 73 67 66
Ambiance Création – Jacques Knoepfli Compagnon Tapissier Du devoir

Anne Roll

➤ Artisan du couvre-lit

Anne est une tapissière qui ne manque pas d'énergie ! Elle réalisera vos rideaux, stores et décorations d'intérieur en textile. Mais sa spécialité ce sont les couvre-lits et les couvertures. Idéal pour habiller vos lits en harmonie avec votre décoration. Venez avec vos tissus ou choisissez-en un parmi la large gamme qu'elle vous propose.

Anne Roll
5 rue des Champs - 68116 Guewenheim
03 89 82 82 55

Atelier Décoration

Entre tradition et modernité cet atelier s'est développé au fil des ans avec un bureau d'étude qui propose des chantiers de décoration complets. Des réalisations pour de grands hôtels mais aussi pour des particuliers. On aime leur éventail de réalisations de la réfection du siège Louis XVI en technique traditionnelle au crin et toile de jute jusqu'au fauteuil cuir des années 50. On les sollicite pour un coussin, une tête de lit ou la pose d'une moquette. Ils proposent aussi des stores d'extérieur.

Atelier Décoration - Pascal Funfrock
2 rue de l'Europe - 67520 Marlenheim
03 88 87 79 79
www.decorationpeinture.com

★ Tissus ★

Alsatextiles

➤ Impression sur mesure

Une vraie bonne adresse pour ceux qui veulent personnaliser leur déco. Cette entreprise 100% Alsace propose de l'impression jet d'encre sur tissus. Elle travaille essentiellement de grandes quantités de tissus imprimés pour des professionnels comme Leroy Merlin, Alinéa ou JC Castelbajac mais elle accepte volontiers les particuliers. Vous venez avec votre visuel numérique de bonne qualité et vous choisissez parmi la vingtaine de tissus coton et polyester. Vous personnalisez vos rideaux, coussins, chemins de tables, nappes, tissus d'ameublement. Tout est imprimé en Alsace, l'équipe est dynamique et saura vous accompagner avec attention. Gros coup de coeur !

Le truc en +

Vous pouvez leur confier la confection de vos coussins ou rideaux, un atelier est prévu à cet effet.

Alsatextiles
3 rue de l'Industrie - 68400 Riedisheim
03 89 64 59 97
www.alsatextiles.com
ALSATEXTILES

Bresch&Cie

➤ Tissus et fournitures

Une adresse souvent méconnue et pourtant une mine d'or pour dénicher des tissus originaux. Monsieur Roth, grand professionnel, saura vous conseiller judicieusement. Son showroom tissus est impressionnant et très pointu. Notre coup de coeur se porte sur la marque belge Aristide, son atout : une collection très tendance à des prix vraiment intéressants. Idéal si l'on souhaite de grands métrages !

Le truc en +

On y trouve tout le matériel nécessaire à la pose de rideaux, stores et réfection de fauteuils. **(Voir rubrique « DIY et stages » p. 227)**

Bresch&Cie
14 boulevard du Président Poincaré - 67000 Strasbourg
03 88 32 06 61
www.bresch.fr

Casal

Maison d'édition de tissus d'ameublement et de décoration installée à Thann, elle propose une très large gamme d'imprimés velours, jacquard, imitation cuir mais aussi des tissus outdoor, ou plus techniques qui permettent de nettoyer facilement les tâches comme AquaClean. Elle possède aussi des marques telles que Luciano Marcato, Driot Gradi, Pansu et Amélie Prévot.

Casal
54 faubourg des Vosges - 68800 Thann
03 89 37 74 61
www.casal.fr

Créations Fanchon

Sur les hauteurs de Turckheim Fanchon propose des ateliers DIY, mais vend aussi des accessoires de loisirs créatifs et des tissus au mètre. Idéal si vous cherchez des références que l'on ne trouve pas partout. Fanchon les sélectionne lors des salons de professionnels. On aime sa gamme si tendance de Liberty en direct de Londres, les lins anglais Cabbage and Roses d'une grande souplesse et facile à travailler en rideaux ou stores bateau. La marque norvégienne Tilda tout en douceur avec ses couleurs pastels et bien sûr les Japonais Moda, Yuwa ou Lecien que l'on adore pour la finesse de leurs motifs.

Créations Fanchon
7 route de Niedermorschwihr - 68230 Turckheim
06 14 47 13 81 (Voir horaires)
www.creationsfanchon.com
Créations Fanchon

La Droguerie

Une caverne d'Ali Baba pour les brodeuses, couturières et tricoteuses mais aussi pour les petites mains fans de déco en manque de tissus originaux. Au rez-de-chaussée du magasin vous trouverez des coupons bariolés pour les petites créations : fanions, doudous, mobiles, poupées, petits coeurs... et au sous-sol les mêmes tissus sont proposés au mètre pour des réalisations plus ambitieuses : coussins, couvre-lit, rideaux, toile de tipi...

La Droguerie
20 rue des Serruriers - 67000 Strasbourg
03 88 22 35 05
www.ladroguerie.com
La Droguerie

La Maison Scandinave

Envie d'une touche scandinave dans vos rideaux ou coussins, la petite boutique strasbourgeoise de décoration design propose aussi du tissu au mètre des éditeurs incontournables comme les finlandais Marimekko. Leurs tissus se caractérisent par de gros motifs simples, souvent inspirés de la nature aux couleurs vives très vintage, typiques des années 60/70.

La Maison Scandinave
5 quai des Pêcheurs - 67000 Strasbourg
03 88 22 08 03
www.lamaisonscandinave.fr
La Maison Scandinave Strasbourg

Le truc en +

Agrafez ces fameux tissus sur des cadres en bois façon tableau de grande dimension, un coup de peps sur les murs de votre salon à moindre coût !

Le Comptoir du Patch

Le truc en +

Ils organisent des cours DIY de cartonnage, abat-jour, patchwork et broderie.

Installé dans une ancienne grange, c'est sans doute ici que vous trouverez le plus grand choix de tissus de loisirs créatifs de toute la région ! Pour les connaisseurs retrouvez des marques comme Robert Kaufmann, les tissus colorés Yuwa et Kaffe Fasset… Et en prime bien accueilli par l'équipe sur place, des passionnées de patch qui seront toujours de bons conseils. Ces tissus en coton vous les utiliserez pour faire des coussins, des pochettes, des guirlandes de fanion, des tabliers pour enfants…

Le Comptoir du Patch
1 rue du Château - 67980 Hangenbieten
03 88 96 88 10
www.lecomptoirdupatch.fr

Lisème Mulhouse - AP Déco

Dans le nouveau showroom Lisème, Chantal Romon, tapissière décoratrice, propose sa gamme de tissus d'ameublement en harmonie avec l'univers élégant du magasin. Le mobilier belge fait écho au classicisme revisité des tissus Pierre Frey. La collection de laine, lin glacé, velours et satin de Mise en Demeure assure un caractère intemporel à nos intérieurs. Flamant est la marque par excellence du magasin, et elle est également représentée dans des papiers peints.

Lisème Mulhouse - AP Déco
46c avenue Roger Salengro (au fond du parc) - 68100 Mulhouse
03 89 36 78 65 (Le samedi sur rendez-vous uniquement)
Lisème Mulhouse
www.deco.liseme.com

Magasin d'usine Beauvillé

On ne présente plus la marque alsacienne prestigieuse, dernière manufacture qui imprime encore certaines de ses nappes au cadre. Il faut savoir que les ateliers sont installés à Ribeauvillé et que le magasin d'usine est une vraie mine d'or. Une grande boutique showroom où vous pourrez dénicher le linge de maison et accessoires de la marque à prix cassés mais surtout des tissus d'ameublement au mètre à des prix défiant toute concurrence. Beauvillé imprime pour Pierre Frey, Braquenier, Ralph Lauren, Le Manach. Bien sûr vous n'aurez pas le luxe de choisir, il faut trouver son bonheur parmi les rouleaux proposés et savoir que les quantités sont limitées au seul stock de la boutique. Des contreparties que l'on accepte volontiers pour s'offrir une touche de luxe.

Magasin d'usine Beauvillé
21 route de Sainte-Marie-aux-Mines - 68150 Ribeauvillé
03 89 73 74 74 - (Voir horaires)
www.beauville.com
Beauvillé

Mémé en Autriche

Si vous cherchez des tissus pop, rétro, géométriques ou vintage c'est la bonne adresse. Au mètre ou au coupon on adore les motifs et les couleurs. Idéal pour des guirlandes de fanion décalées ou des coussins qui reboostent votre canapé. La gamme de toiles cirées et cotons enduits au mètre est aussi une des plus tendances de la région avec la collection mexicaine, la version ardoise pour gribouiller dessus, ou les étoiles aux couleurs poudrées.

Mémé en Autriche
7 et 11 rue des Bouchers - 67000 Strasbourg
03 88 13 25 58
www.memeenautriche.com
Mémé en Autriche

Rouge Framboise

Josiane confectionne coussins, rideaux et nappes dans son atelier installé dans sa boutique de décoration de charme. Grande amatrice de tissus, elle a ainsi décidé de proposer une sélection de tissus d'ameublement au mètre en harmonie avec son univers shabby chic. On y trouve de très beaux lins, des cotons et des métis dans les tons de blanc, écru ou gris, des tissus anglais à fleurs tout en finesse, des vichys rouges ou bleus et des teintes toujours très poudrées. Elle propose aussi une sélection de toiles cirées rétro et colorées. Et bien sûr toute la mercerie qui va avec : dentelle, ruban, galons, ficelle de lin...

Rouge Framboise
23 rue du Rempart - 6800 Colmar
03 89 23 95 02
www.decoration-rougeframboise.com
Decoration Rouge Framboise

Thann Textiles

Depuis 1986 l'entreprise de Jean Lermigeaux propose des tissus au mètre pour l'ameublement, le linge de maison et l'habillement. Leur gamme de lin est très intéressante : Linette et Linares 100% lin aux coloris naturels, les voiles de lin aux couleurs plus soutenues, Pralin et leurs imprimés à fleurs ou toile de Jouy. En tissus d'ameublement les couleurs sont infinies et pour le linge de maison on confectionne sur mesure les nappes, draps et torchons avec des collections élégantes et originales.

Le truc en +

On adore leur gamme de tissus « enfants » du lange bébé aux imprimés ludiques, de quoi laisser libre cours à son imagination.

Thann Textiles
25 rue du Parc - 68470 Husseren-Wesserling
03 89 38 78 01
www.thann-textiles.com

Toiles de Mayenne

Une petite boutique pour une envie de tissus élégants et intemporels. Marque créée en 1806, c'est l'une des dernières manufactures qui tisse en France en plein coeur d'une ancienne abbaye cistercienne. On y trouve des tissus au mètre pour des rideaux, voilages, stores, sièges et coussins. A confectionner soi-même ou que leurs ateliers de confection à façon peuvent réaliser pour vous. On aime la qualité de leurs cotons, la profondeur et la modernité des couleurs. Pour une touche exotique on aime la collection Zanzibar ou Soraya.

Toiles de Mayenne
25 rue des Juifs - 67000 Strasbourg
03 88 24 37 58
www.toiles-de-mayenne.com
Toiles de Mayenne - Tisseur Éditeur

Bachschmidt Décoration

➤ Spécialiste du fauteuil Club

Le truc en +

On adore leur gamme de fauteuils Club pour enfants, confectionnés de la même manière que les grands modèles.

Michaël hérite du savoir-faire d'exception de son père Jean-Pierre, tapissier-décorateur à Colmar. Aujourd'hui installé dans le charmant village de Niedermorschwir, il propose sur plus de 120 m² un showroom qui réunit des fauteuils club en tout genre : neufs ou restaurés. Si vous cherchez un modèle en particulier, la famille Bachschmidt propose des rééditions ou des modèles sur mesure qu'elle confectionne dans ses ateliers. Choisissez une ligne ArtDéco ou XVIIIe anglais, des cuirs très différents vous sont proposés. Bien sûr ils sont spécialistes de restauration. Quel que soit l'état de votre fauteuil ils lui redonnent une seconde jeunesse. Bien sûr comme de bons tapissiers qui se respectent, ils assurent aussi tous types de réfection de sièges. Une adresse incontournable !

Bachschmidt Décoration
81 route des Trois Epis - 68230 Niedermorschwihr
03 89 27 50 66
www.fauteuil-club.pro

Capon Décoration

Michel Capon, tapissier-décorateur, a fait de sa boutique une adresse incontournable à Mulhouse. On craque pour son très large choix de tissus, rideaux, stores, tapis, sols sur mesure, plaids, coussins, lampes et même un peu de mobilier. Côté peintures il distribue l'excellente marque française Ressource. On aime la finesse et l'élégance dans le choix des marques, les mises en scène dans le magasin et les vitrines sont toujours originales et sans fausses notes. Il propose vraiment un accompagnement global dans nos problématiques de décoration : de la réfection de sièges, à la pose de sols en passant par le choix de papier peint et l'harmonisation des couleurs de nos intérieurs.

Le truc en +

Une large gamme de luminaires sur mesure et de linge de maison.

Capon Décoration
42 avenue du Président Kennedy - 68200 Mulhouse
03 89 42 44 60
www.mulhouse-capondecoration.com

Christophe Hett

Maître tapissier-décorateur, sa spécialité c'est la sellerie et la réfection de fauteuils et canapés. Mais il réalisera volontiers des rideaux et stores pour les particuliers ou des meubles et banquettes pour les professionnels.

Christophe Hett
Zone Artisanale Buehlmatten
32 rue d'Illfurth - 68720 Spechbach-le-Bas
03 89 07 04 66
www.mendensell.com

Clémence Carton de Grammont

Clémence combine une formation d'ébéniste, de tapissière et surtout de créatrice. Installée à Motoco dans les anciens bâtiments DMC de Mulhouse, elle est entourée d'artistes, ce qui est plutôt inhabituel pour une tapissière. Elle restaure donc des sièges avec un oeil nouveau, elle aime aussi la couture et surtout se lance dans la création de sièges. Un souffle d'originalité pour nos intérieurs. Elle imagine aussi des chaises et fauteuils avec des tissus lavables aux couleurs vitaminées pour nos bambins. On adore et son atelier est un régal pour les yeux.

Clémence de Grammont
Motoco - Bâtiment 75 - 13 rue de Pfastatt - 68200 Mulhouse
06 24 12 50 60 (Sur rendez-vous)
sieges@degrammont.fr

Eddy Oberlin

Spécialiste des décors de fenêtres, réfection et restauration de vos sièges, canapés et fauteuils. Il travaille avec les architectes sur des projets pour les particuliers ou les hôtels. On retrouve chez lui des marques comme Nobilis ou Casadeco.

Eddy Oberlin
67 Grand Rue - 68320 Jebsheim
03 89 71 65 29
www.tapissier-decorateur-alsace.fr

Elastabil

Richard Wendling est tapissier de père en fils. Très vite il devient un décorateur et un artisan à l'affût de l'élégance et de l'intemporel. Depuis peu il associe son atelier et ses tissus à la gamme de meubles Ligne Roset, un écrin design pour un savoir-faire immuable. Il pourra vous guider dans le choix de vos tissus d'ameublement, confectionner vos stores bateau ou têtes de lit et vous proposer une sélection de tapis ou canapés assortis. Un nouveau départ pour une enseigne qui a fait ses preuves et où le bon goût n'est plus à discuter (voir Ligne Roset rubrique « Boutiques déco et mobilier » p. 63).

Elastabil
8 quai Kellermann - 67000 Strasbourg
03 88 23 16 23
Ligne Roset Elastabil Strasbourg

Emmanuelle Feucht

Emmanuelle est une jeune architecte qui décide un jour de changer de métier et entreprend une formation de tapissier-décorateur aux côtés de Richard Haderer. Elle veut montrer qu'on peut redonner une seconde vie aux meubles de nos grands-parents avec des tissus et matières tendance, et un savoir-faire de qualité. Et côté budget elle développe des techniques et des astuces pour permettre au plus grand nombre de faire appel à ses services. Elle imagine des créations originales, propose une gamme de tissus innovants aux couleurs infinies comme Innofa ou Kvadrat. Richard-Emmanuelle : un duo étonnant qui se complète, la relève est assurée !

Emmanuelle Feucht – Atelier Haderer
35 rue Wimpheling – 67000 Strasbourg
03 88 61 35 70
mefeucht@gmail.com
www.haderer-tapissier.fr
ATELIER HADERER

Eric Debenath

De père en fils depuis 1950 ce tapissier-décorateur allie décor et confort. Eric rajoute à son savoir-faire de tapissier une vraie compétence en décoration. Ils sont spécialisés dans la réfection de sièges, et pose de tentures murales et font volontiers un matelas ou une couette à l'occasion.

Eric Debenath
4 rue du Wasen - 68610 Lautenbach-Zell
03 89 74 05 03 (Rendez-vous conseillé)
www.debenath-tapissier.com

Hubert Waldbusser

L'on entre ici pour la gentillesse de Hubert, pour le travail minutieux de ses réalisations. Il réalise à la perfection la tenture murale dont il maîtrise tous les secrets. Sa longue pratique de la réfection des sièges lui permet de restaurer les pièces les plus précieuses. Il peut se mettre au service de nos plus beaux intérieurs.

Hubert Waldbusser
96 route de la Wantzenau - 67000 Strasbourg
03 88 31 03 34

Jean-Claude Mann

Maître tapissier-décorateur depuis quatre générations, il réalise travaux de garnissage de chaises et canapés, décors de fenêtres, confection de couettes et couverture, pose de tentures murales ou confection et réfection de sommiers et matelas.

Jean-Claude Mann
2 rue de la Gare - 68380 Muhlbach-sur-Munster
03 89 77 64 50
www.tapissier-cloches-alsace.com

L'Art de vivre

Alphonse Humbert et son fils Dimitri forment un duo haut en couleur. Avec élégance et bienveillance Alphonse vous accueille dans sa boutique et propose le plus large choix de tissus d'ameublement de toute la région. Avec des références de prestige comme l'exclusivité Hermès, Christian Lacroix, Jean-Paul Gaultier, Sonia Rykiel, des collections extraordinaires pour une touche haute couture dans vos intérieurs. On aime aussi les collections de Designers Guild, Nobilis ou Elitis en tissus mais aussi en papiers peints qui reviennent dans nos intérieurs. Côté atelier Dimitri retapisse vos sièges, confectionne vos rideaux ou têtes de lit avec un regard frais et un souci du détail qui nous est cher.

Le truc en +

Vous pouvez confier à Alphonse vos projets de décoration intérieure, l'élégance est de mise.

L'Art de vivre
27 rue de la Nuée Bleue - 67000 Strasbourg
03 88 16 20 04
Art de Vivre Déco

L'Artisan Déco

Un gros coup de coeur pour le dynamisme de Céline Jung installée à Saverne. Les fauteuils toujours originaux qu'elle met en scène dans sa vitrine invite à franchir son pas de porte. On aime son élégante sélection de tissus : Lelievre, Pierre Frey, Sonia Rykiel, Elitis, Braquenié... un regard féminin qui ne manque pas de caractère. Elle saura vous conseiller et vous accompagner dans vos choix de revêtements de sol et murs. Elle pourra aussi vous proposer la pose de systèmes Alyos : murs et plafonds tendus, imprimés et acoustiques.

L'Artisan Déco - Céline Jung
18 Grand Rue - 67700 Saverne
03 88 00 35 16
www.lartisandeco.fr

L'Empire

Gros coup de coeur pour l'univers de Clotilde et Christian qui allient savoir-faire traditionnel, élégance et originalité. Leur showroom est organisé pour nous permettre de fouiller dans leur sélection de tissus et de cuirs. On essaye ses canapés et fauteuils et on peut même glaner un luminaire ou une table basse originaux. Ils proposent tous les services d'un tapissier-décorateur : rénovation d'assise, confection de rideaux et stores sur mesure et un large choix de tissus et papiers peints pour un intérieur délicat et harmonieux. Mention spéciale pour la marque Arpin pour un esprit montagne chic.

L'Empire - Clotilde et Christian Logel
202 route de Schirmeck - 67200 Strasbourg
03 88 30 16 65
www.empire-decorateur.fr
L'Empire

Marie Froehlicher

➤ Réfection de sièges

Une tapissière qui travaille beaucoup grâce au bouche-à-oreilles. On adore son dynamisme et sa fraîcheur. Sa passion : la réfection de fauteuils. Du voltaire au Club en passant par un Canapé crapaud ou un Bridge elle prendra le temps de vous accompagner dans le choix du tissu. Faites-lui confiance pour donner un coup de frais et un look tendance à vos sièges.

Marie Froehlicher
67100 Strasbourg
06 81 50 36 20
www.marie-froehlicher.com
Marie Froehlicher

Nicolas Burgmeister

Petite entreprise familiale qui réalise tous vos souhaits de décoration d'intérieur : canapés, rideaux, stores, coussin mais aussi tentures murales, plafonds tendus ou moquettes. Découvrez dans leur boutique un large choix de tissus et voilage.

Nicolas Burgmeister
5 rue Paul Déroulède - 68100 Mulhouse
03 89 46 57 29 - 06 89 22 69 96
www.tapissier-alsace.com
Votre Tapissier Décorateur

Palissandre

Yves Willmann est un tapissier-décorateur qui travaille encore par le bouche-à-oreilles. Pas de site internet, il aime rencontrer les gens en personne, ouvrir son atelier boutique et répondre à vos attentes. Il aime par-dessus tout les contrastes quand il s'agit de retapisser un fauteuil : il pose une couleur fuchsia sur une vieille Bergère, effet boeuf garanti. On lui connaît une grande technicité et il sera aussi d'excellent conseil pour un projet de décoration globale. On aime sa sélection de tissus et matières nobles. Dans sa boutique il vend des coussins, des objets déco et un peu de mobilier.

Palissandre – Yves Willmann
26 rue des Bouchers – 67000 Strasbourg
03 88 35 21 11
Palissandre

Sièges et décoration Kuster

Depuis quatre générations cette maison familiale vous propose rideaux, stores, coussins et tentures sur-mesure. On adore leur sélection de marques élégantes : Moissonnier, Vincent Sheppard, Elitis, Ressource, Créations Baumann. Diplômés de l'Ecole Boule à Paris, ils sont en mesure de réaliser votre canapé en cuir sur-mesure et bien sûr tout autre type d'assise. On aime aussi beaucoup leur gamme de mobilier pour l'extérieur.

Sièges et décoration Kuster
38 route de Wettolsheim - 68420 Eguisheim
03 89 41 18 24
www.kuster-decoration.com

Xavier Roth

➤ Découpe de mousse

Une adresse là où on ne l'attend pas, au Port du Rhin à Strasbourg. Les 1200 m² de showroom nous offrent un beau choix de tissus d'ameublement, de tringles, stores et rideaux. Une bonne adresse aussi pour choisir sa literie. Mais ce qui nous plaît surtout c'est leur atelier de découpe de mousse sur-mesure. Une bonne adresse si vous souhaitez confectionner des assises, des coussins, des banquettes ou un petit matelas pour un berceau. Choisissez la densité et la qualité, venez avec vos mesures et votre projet, et repartez avec votre mousse. Bien sûr vous trouverez aussi un service de réfection de sièges et fauteuils.

Xavier Roth
13 rue de Boulogne - Parc de la Centrale - 67100 Strasbourg
03 88 79 13 13
www.xavier-roth.com

Ambiance, luminaires et chauffage

9

L'ambiance, c'est ce qui illumine nos intérieurs d'un jour nouveau.

Le charme va opérer à la grâce d'une lumière du soir, d'une bougie au parfum évocateur, au crépitement réconfortant d'une flambée dans la cheminée.
Nos sens sont en éveil et tout n'est plus que calme et volupté.
Mais l'atmosphère, c'est aussi un confort de vie : un bon éclairage est indispensable pour les activités de travail comme de loisirs. Faites entrer la lumière !
L'odorat affecte nos émotions bien plus que tous les autres sens, parfum d'enfance, senteurs estivales, usez et abusez de toutes ces senteurs qui inondent le marché.
Et aucun intérieur ne sera agréable sans « un petit tour de chauffe ». Plus tendance que jamais, la cheminée revient sur le devant de la scène.
En donnant la place à toutes nos sensations, la vie devient plus poétique et s'enveloppe d'un indéfinissable flou artistique.

Alain Soulier

➤ Créateur d'abat-jour

Carton, soie, Alcantara, lin, coton et même radiographie, il n'y a pas de limites à la créativité d'Alain quand il s'agit d'habiller nos abat-jour. Loin des pagodes à franges et des juponnés poussiéreux, Alain propose à ses clients des abat-jours « haute-couture », sur mesure avec des finitions épurées. Ramenez le pied de lampe de votre grand-mère, il s'adaptera à vos envies et budgets. Son art consiste à trouver le juste milieu entre qualité de lumière et design. Il est le dernier abajouriste dans tout l'Est de la France.

Le truc en +

Son atelier est installé chez lui à La Ferme Bleue en plein coeur d'un jardin remarquable que vous pourrez visiter. Prolongez la rêverie le temps d'un brunch ou d'une tasse de thé.

Alain Soulier
21 rue Principale - Jardins de la Ferme Bleue - 67110 Uttenhoffen
03 88 72 84 35 (Voir horaires)
www.jardinsdelafermebleue.com
Jardins de la Ferme Bleue

Arno Keramik

➤ Poêles à bois

Ce fabricant de poêles à bois réfractaire et de poêles de masse a réussi à associer élégance et lignes design à la garantie d'un haut rendement. Les poêles peuvent être dessinés sur-mesure en fonction des contraintes de votre intérieur, ils sont montés chez vous par une équipe qualifiée. Vous trouverez aussi un large choix de poêles finlandais ou suédois, des fours, des cheminées, des saunas et des poêles à granulés ou pellets. On aime leurs bons conseils techniques et l'accompagnement dynamique. Sachez qu'ils se déplacent dans toute la région. Une valeur sûre !

Arno Keramik - Arnaud Schmitt
77 route de Neuf-Brisach - 68000 Colmar
03 89 24 37 98 - 06 33 63 50 73
www.lesamantsdufeu.fr
Arno Keramik

Atelier de La Luxiole

➤ Lampes et abat-jours

Le truc en +

Valérie peut aussi restaurer vos abat-jour ou faire des créations sur-mesure.

Valérie est une créatrice de lampes et abat-jour. Elle imagine des pieds de lampe à partir d'objets détournés comme d'anciens porte-manteaux, des livres ou des mannequins de couturières. Avec poésie et un brin de fantaisie ses créations sont bien plus que des lampes, elles apportent une touche insolite et originale à vos intérieurs. Elle conçoit aussi tous ses abats-jour avec des tissus et des finitions de qualité. On peut lui commander juste l'abat-jour ou la lampe en entier. Elle explore des formes et des rendus de lumière très variés et propose aussi une gamme de guirlandes qui s'adaptent à tous les styles et toutes les pièces de la maison.

Atelier de La Luxiole - Valérie Lux
21 rue des Quatre Vents - 67630 Lauterbourg
06 81 79 86 09 (Sur rendez-vous)
Atelier de la Luxiole

Bleu Kelsch

➤ Parfums d'ambiance

Créatrice de senteurs pour la maison, Laurence Fritz donne aux intérieurs une touche d'Alsace tout en finesse. Quetsch-Cannelle, Mirabelle-Coriandre, Fraise des bois-Menthe poivrée ou encore Orange-Houblon. Chaque fragrance rappelle une émotion, un souvenir de son enfance. Bougies parfumées, parfums d'ambiance, concentrés de parfums et bois parfumés, tous ses produits sont créés et conditionnés chez elle. Sa boutique est un enchantement : une gamme de produits pour le corps complète ses parfums d'ambiance ; le kelsch est omniprésent mais sans fausse note ; on trouve du linge en lin ; des savons en forme de kougelhopf que l'on a envie de croquer et plein d'objets déco de charme pour la maison.

Bleu Kelsch
7 rue de la Paix - 67120 Avolsheim
06 03 08 90 79 (Voir horaires)
www.bleukelsch.com
Bleu Kelsch

Le truc en +

Laurence explore les propriétés des essences naturelles jusque dans l'art culinaire et développe aussi une gamme dans l'alimentaire. On vous conseille tout particulièrement sa gelée pain d'épices orange, excellente en accompagnement du foie gras.

Gilles Ansel

➤ Créations bois et lumière

Cet ébéniste de talent cisèle avec finesse le bois pour réaliser des lampes dans un style à la fois urbain et plein de douceur. Véritables sculptures quand elles sont éteintes, elles étincellent de mille feux une fois allumées. Elles apportent une touche de design à nos intérieurs, se posent seules ou en groupe dans un salon telle une mini cité. Elles se déclinent en suspensions, appliques murales ou en parois lumineuses que Gilles peut réaliser sur-mesure. Il utilise des essences de bois locaux comme le frêne, le chêne, ou le merisier. Les bois sont massifs, il les rabote et les taille ensuite à la scie circulaire. Un vrai coup de cœur et une belle rencontre à faire !

Gilles Ansel
79 rue des Eglises - 67290 Tieffenbach
09 71 27 37 02 (Sur rendez-vous)
www.gillesansel.com

L'Artisan du Poêle

Sébastien, en véritable spécialiste du poêle, saura restaurer avec passion votre kachelofe de famille ou tout poêle en faïence traditionnel. Il saura également vous guider dans la création de cheminées sur mesure en aménagement intérieur aussi bien qu'il installera un four à tartes flambées ou à pizzas en extérieur. A côté de ses créations, il s'occupe de vos conduits, de vos tubages de cheminée pour un tirage sans fumées...

L'Artisan du Poêle
Z.I. Nord - 7 rue de la Maison Rouge - 67600 Sélestat
06 50 22 29 78
info@koehler.fr
www.koehler.fr
L'Artisan du Poêle

La Luciole

➤ Pâtes de verre

Cette boutique s'est spécialisée dans les objets et lampes en pâte de verre soufflée bouche. Des lampes à poser aux appliques murales ou suspensions, leur boutique est une explosion de couleurs. Chaque pièce reflète la lumière à sa façon et Claude Retz se fera une joie de vous raconter l'histoire de leur création. Pour une touche d'Art Nouveau dans votre intérieur c'est l'adresse incontournable.

Le truc en +

C'est l'adresse où dénicher des pièces détachées pour restaurer le lustre de votre grand-mère.

La Luciole
20 rue de la Division Leclerc - 67000 Strasbourg
03 88 32 78 49
www.patedeverre-laluciole.fr

Nuzzo Concept

➤ Luminaires

En plein coeur de la Cité de l'Habitat de Lutterbach cette enseigne propose beaucoup de décorations de sols, de murs, et des peintures décoratives mais ce qui nous plaît tout particulièrement c'est leur sélection de luminaires. Du haut de gamme avec les collections des Italiens Leucos, Lucente ou Studio Italia Design. De belles lignes élégantes et design et une explosion de matières étonnantes pour des luminaires en porcelaine, des effets incomparables comme le cristal sablé et bien sûr le métal et le verre dans toute leur splendeur.

Nuzzo Concept
Cité de l'Habitat - Rue de Thann - 68460 Lutterbach
03 89 57 54 48
www.nuzzo-concept.fr
Nuzzo Con Cept

Old School Bazaar

➤ Création de lampes

Franck est passionné d'objets anciens et son côté bricoleur et un peu inventeur le conduit à transformer des trouvailles diverses et variées en luminaires très originaux. Du vieux poste de radio au projecteur cinéma en passant par le reliquaire et la marotte de perruquier, rien ne l'arrête ! Il garde cependant l'aspect original de l'objet. Après l'avoir démonté, nettoyé scrupuleusement et y avoir installé le système électrique, il choisit en général une belle ampoule à filament et la magie opère. Il expose régulièrement ses créations dans des boutiques et galeries en Alsace. Suivez son actu sur son site et sur les réseaux sociaux.

Old School Bazaar - Franck Dossmann
19 rue du Château - 67490 Dettwiller
67000 Strasbourg (prochainement)
06 73 03 33 78 (Sur rendez-vous)
www.old-school-bazaar.com
Old School Bazaar

Pyramide

➤ Luminaires

Deux showroom à Strasbourg pour cette enseigne incontournable et notre coup de coeur va à la petite boutique spécialisée dans les luminaires. On y trouve les marques comme Artemide, Foscarini, Flos ou Ingo Maurer et des luminaires architecturaux comme Modular ou Bover. C'est le temple de la lampe design et surtout un conseil de pro pour tous vos besoins en éclairage intérieur ou extérieur.

Pyramide
2 rue des Sœurs - 67000 Strasbourg
03 88 35 45 57
www.pyramide-design.com
PYRAMIDE DESIGN

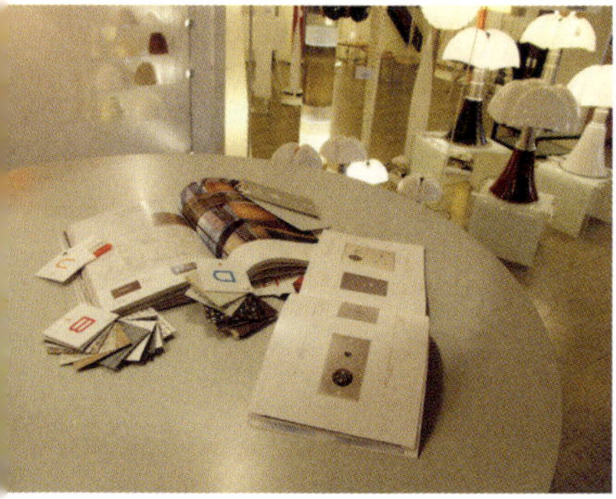

Salustra

Salustra est une adresse que connaissent bien tous les électriciens de la région et reste un incontournable pour tout votre matériel électrique. Pourtant Rodolphe Keiff vous propose bien plus. Son choix en appareillage est extrêmement vaste, son showroom bien agencé mais notre petite préférence va au choix assez éclectique de ses catalogues. N'hésitez pas à lui demander des marques comme Foscarini, Martinelli Lucce, Aldo Bernardi pour des design très italiens, Royal Botania ou Stephane Davidts pour des look plus flamands ou Mauduit-Biard pour un éclairage classique et chic. Son équipe vous guidera dans le choix difficile des diverses possibilités d'éclairage et leur technologie : leds, halogène, fluo-compact, néon et sur la couleur de cet éclairage qui peut aller du blanc chaud au blanc très froid et qui déterminera l'ambiance donnée.

Salustra
91 route des Romains - 67200 Strasbourg
03 88 30 41 81 (Voir horaires)
contact@salustra.com
www.salustra.fr

Savonnerie Scala

➤ Savons et Cosmétiques Artisanaux Laboratoire d'Alsace

Une bonne adresse pour mieux vivre chez soi. Cette savonnerie artisanale produit en Alsace des savons et cosmétiques faits main à partir de matières premières nobles et bio comme les huiles essentielles ou le beurre de coco. Le savonnier, Marc Glasser, est passionné et très soucieux du respect de l'environnement et de notre peau. Il saponifie à froid et propose aussi une gamme de savons surgras et de baumes pour les lèvres et le corps.

Savonnerie Scala - Marc Glasser
30 rue Fleischhauer - 68000 Colmar
06 01 85 32 37
www.savonnerie-scala.com
Savonnerie Scala

Spenlehauer-Spiess

➤ Fabrication et restauration de poêles en faïence

Véritable institution dans la région, ils sont parmi les derniers restaurateurs de poêles en faïence anciens. Les pièces manquantes sont fabriquées à partir de documents d'archives et de moules créés spécialement. Toutes les étapes et les processus sont inspirés du savoir-faire traditionnel : de la fabrication de carreaux en faïence à l'élaboration des couleurs à base d'oxydes de cuivre de fer jusqu'aux briques réfractaires et la décoration au pochoir. Cette petite entreprise propose également neuf modèles de poêles de création chaque année.

Spenlehauer-Spiess
1 rue de l'Eglise - 68480 Oltingue
03 89 40 78 27 - 06 73 07 32 89
www.poeledetradition.com

Zénith Déco

➤ Luminaires

Le truc en +

Besoin d'une pièce détachée ou de restaurer la lampe de votre grand-mère ? Ils proposent une clinique du luminaire très complète en services et matériaux.

Un magasin où dénicher l'applique pour votre couloir, la suspension industrielle qui vous manquait ou la lampe de chevet du petit dernier. Plus de 10 000 références dans tous les styles et surtout un conseil avisé et des solutions techniques. On aime leurs espaces répartis par ambiance : shabby chic, industriel, fer forgé, plexi, blanc... Vous pourrez même vous laisser tenter par un vase ou une table basse, des objets et du petit mobilier sont assortis aux mise en scène.

Zénith Déco
Z.A.C. Aérodrome - 10 rue Louis Blériot - 68000 Colmar
03 89 23 94 27
www.zenith-deco.fr

Fleurs et extérieurs 10

L'environnement extérieur est l'écrin de nos intérieurs

et que l'on vive dans une maison bucolique ou dans un appartement plus citadin, l'envie de vert se fait de plus en plus ressentir... Le jardin devient une pièce supplémentaire que l'on aura à cœur d'aménager avec soin. Comme son canapé, il devient « trendy », avec ses effets de mode. Alors imaginez une terrasse bien orientée pour profiter du soleil et un petit potager pour déguster des fraises sucrées, plantez un jasmin odorant et installez des abris à oiseaux. Usez et abusez de buis structurants, de rosiers, d'hortensias pour un espace dans l'air du temps. Mais l'art du jardin est complexe. Prenez donc le temps de la réflexion pour qu'il vous apporte un maximum de plaisir pour un minimum d'entretien.

Antiquités Hamm

➤ Brocante du bâtiment

Une adresse où dénicher des matériaux anciens en grès des Vosges : auges, puits, abreuvoirs, pavés, tuiles, vasques, éviers. Mais aussi en fonte, d'anciennes tonnelles en fer forgé ou des salons de jardin. Une touche de romantisme pour vos terrasses et jardins.

Antiquités Hamm - Pierre Hamm
5 rue de Hollande - 67230 Benfeld
03 88 74 49 37 - 06 71 21 96 89
www.antiquites-materiaux-hamm.com
Pierre Hamm

Arrosoir et Persil

➤ Art et poésie au jardin

Une belle marque d'objets de décoration pour le jardin entièrement réalisés à partir de métal recyclé et qui travaille en harmonie avec le Zimbabwe dans le respect des normes du commerce équitable. On craque pour leur collection d'oiseaux, simples et colorés. Des barrières, des tuteurs, des photophores, des mobiles pleins de poésie agrémentent nos balcons et jardins tout en finesse. On achète sur internet et on les trouve sur les fêtes des plantes et marchés de créateurs toute l'année et dans toute la région.

Arrosoir et Persil
09 71 46 64 41
www.arrosoir-et-persil.fr
Arrosoir&Persil

Art et Nature

➤ Création de jardin et baignades naturelles

Patrick propose tous les services d'un paysagiste en parfaite harmonie avec votre mode de vie. Ce qui nous a plu tout particulièrement ce sont ses connaissances approfondies dans le domaine des piscines naturelles et biologiques. En plus d'être très esthétiques elles sont respectueuses de notre bien-être et de l'environnement. C'est un vrai choix et il saura vous guider et concevoir des piscines plus « classiques », si c'est là votre préférence.

Art et Nature - Patrick Mougeolle
5 rue des Alpes - 68350 Didenheim
03 89 61 07 49
www.art-nature.fr

Atelier Jean Lehmann

➤ Tipi, yourtes et tentes inuit

C'est un atelier de sellerie artisanal un peu spécial qui se trouve en plein coeur du Ried. Ici on imagine, fabrique et installe des habitats nomades plutôt dépaysants et dans un esprit de convivialité. Pour les particuliers et les professionnels. Les plus demandés sont les tipis en forme de cône composés de perches en bois et de toiles dans le respect de la tradition indienne. Les diamètres varient de 2 à 8 mètres. Très cosy ! On aime aussi beaucoup leurs tentes inuit, les yourtes mongoles, la tente de prospecteur ou encore les wigwams tout en rondeur. Vous trouverez également toutes sortes de toiles vendues au mètre, des accessoires et même des éléments d'aménagements intérieurs comme des poêles mexicains ou des banquettes de lit.

Atelier Jean Lehmann
5 rue du Commerce - 67920 Sundhouse
03 88 57 76 59 - 06 86 74 89 25
www.tipi-tente.com
Tipis et Tentes Jean Lehmann

Bativegeto

➤ Murs et mobilier végétalisés

Béatrice conçoit et réalise des murs végétaux pour l'intérieur comme pour l'extérieur. Elle imagine aussi du mobilier qui intègre des plantes et propose pour les petits espaces des cadres végétalisés à accrocher comme des tableaux. En plus d'apporter la verdure et une bouffée d'air dans notre habitat, ses créations ont des propriétés d'isolation thermique et phonique. Les plantes peuvent aussi dans certains cas dépolluer l'air. Dans nos jardins on adore sa solution de clôtures végétalisées beaucoup plus romantiques qu'une rangée de thuyas.

Bativegeto - Béatrice Fischer
16 rue des Ormes - 67120 Duppigheim
06 86 28 65 77 (Sur rendez-vous)
www.bativegeto.com
Bativeget'o

Boît'ideal

➤ Boîtes à lettres alsaciennes customisées

Une belle idée signée Charly et Barbara Hamm, restaurateurs à Waltenheim-sur-Zorn. En 2010 ils développent des kits de décoration pour nos boites à lettres tristounettes et les transforment en maisons alsaciennes colorées. Aujourd'hui ils proposent aussi des boites déjà décorées et une version chalet. Très kitsch, c'est votre facteur qui va être content !

Boît'ideal - Charly et Barbara Hamm
2 rue du Moulin - 67670 Waltenheim-sur-Zorn
06 86 92 80 85
www.boitideal.com
Boites Aux Lettres Boit'ideal

Booa

➤ Boutique meubles et objets design outdoor

Si l'entreprise de construction bois est réputée pour son concept de maison design, on méconnaît parfois son activité de création de mobilier de jardin : du panneau brise-vent au bac à fleurs en passant par les carrés de potagers et les coffres de rangement. L'entreprise de Lièpvre fait appel à des designers alsaciens comme Philippe Riehling pour imaginer un mobilier en harmonie avec leurs maisons et conçu à partir des chutes de fabrication. On adore les lignes simples et les formes astucieuses, petit coup de coeur pour l'étendoir à linge ou la sélection enfants avec son bac à sable ou son banc pour le goûter des copains. On peut acheter en ligne.

Boutique Booa
03 89 58 45 45
www.boutique.booa.fr
Booa, maisons et objets.

Maisons Booa
Zone Industrielle Bois l'Abbesse - 68660 Lièpvre
03 89 58 45 00
www.booa.fr
Maisons Booa

Brocante du bâtiment - Alain Bitter

Alain vous émerveillera avec sa sélection de pièces de forme en grès comme ses puits ou ses fontaines XVIIIe siècle. Il a toujours une belle collection d'abreuvoirs de toutes les tailles et tous les âges. Pour apporter du caractère à nos extérieurs on peut juste choisir une vieille grille en fer forgé, un ensemble de tomettes en terre cuite à poser sur une terrasse ou un beau couple de vasques en fonte.

Brocante du Bâtiment - Alain Bitter
3 rue de l'Industrie - 67390 Marckolsheim
06 09 85 05 55 (Sur rendez-vous)
alain.broc@hotmail.fr

Cactose

➤ Fontaines

Si vous cherchez une fontaine aux lignes contemporaines et épurées, Cactose est un spécialiste. Pour vos extérieurs et intérieurs elles sont en pierres naturelles : schiste, ardoise, pierre blanche. Elles s'associent à des plantes pour former des murs d'eau végétalisés. Illuminées par des leds intégrés elles existent dans toutes les dimensions possibles et offrent un décor original et raffiné. On trouve aussi dans leur showroom une sélection de décorations et bacs pour nos extérieurs.

Cactose
ZI rue du Rail - 67116 Reichstett
03 88 20 75 95
www.cactose-boutique.fr
Cactose Boutique

Caspar

➤ Mobilier extérieur

C'est un des derniers fabricants français de stores, volets roulants, portails et pergolas. Et dans le magasin d'usine de Duppigheim on trouve aussi un large choix de mobilier extérieur pour la terrasse et les jardins et des accessoires : parasols, coussins, tonnelles. La gamme de mobilier tressé est très élégante et confortable, la gamme aluminium est plus épurée et contemporaine. On aime aussi beaucoup la collection en teck avec une finition huilée mate ou brillante. Et enfin pour des extérieurs plus intemporels la gamme fer forgé propose aussi du mobilier coloré.

Caspar
ZI de Duppigheim - 1 place de la Gare - 67120 Duppigheim
03 88 49 77 43
www.casparstores.com
Caspar

A Fleur de Pot

Le truc en +

Il aime aussi créer des éléments de déco à partir de matériaux de récupération. Son stand à la Fête des Plantes de Schoppenwihr vaut le détour.

Quelle que soit la période de l'année, la boutique de Fabrice est un enchantement. Un doux mélange de mobilier brut et de fleurs arrangés avec douceur en toute simplicité. Vous trouverez chez lui des objets déco et des meubles originaux en provenance directe de Belgique où il va plusieurs fois par an. C'est chez lui que vous pourrez peut-être dénicher la lampe industrielle de vos rêves ou donner une touche de romantisme à votre intérieur avec ses couronnes de saison.

A Fleur de Pot
79 avenue du Général de Gaulle - 68000 Colmar
03 89 79 68 50
www.afleurdepot-colmar.fr

Anaïs Inizan

➤ Design floral

Voilà une fleuriste qui n'a pas de boutique, c'est une vraie adresse confidentielle et c'est un vrai coup de coeur. Si vous aimez les univers romantiques, poudrés et bohème vous allez adorer le travail d'Anaïs.

Elle propose des couronnes, des bouquets et des arrangements surtout pour décorer vos évènements de famille. Tout en finesse, elle choisit des fleurs pastel, associe des tissus et des objets de brocante et voilà une ambiance hors du temps comme on aime !

Anaïs Inizan
67000 Strasbourg
06 66 91 70 39 (Sur rendez-vous)
Anais Inizan

Au Jardin de Julie

Le truc en +

Et si vous preniez un abonnement floral ? Pascal viendra chez vous toutes les semaines avec une nouvelle composition.

Pascal n'est jamais à court d'imagination quand il s'agit de mettre en valeur les fleurs. C'est un artiste qui associe élégance et douceur dans ses bouquets. Il donne la priorité aux fleurs, pour leurs couleurs et leurs fragrances. Dans sa boutique on trouve la composition à offrir pour faire plaisir mais aussi des éléments de déco pour chez soi. Têtes de Bouddha, animaux en porcelaine, cache-pots, l'originalité est une priorité et pour tous les styles : nature, baroque, ethnique ou plus rock.

Au Jardin de Julie - Pascal Zussy
18 rue des Fleurs - 68100 Mulhouse
03 89 56 53 33
www.aujardindejulie.com
Au Jardin de Julie

Aubépine by Dénys

On aime le mariage entre le style contemporain de la boutique et les compositions bucoliques de Dénys. Une touche d'élégance au naturel pour nos intérieurs et recherche de cadeaux. Et, si l'envie vous prend de vous initier à l'art floral, le deuxième étage vous accueille pour un atelier pratique. En toute convivialité Dénys vous apprendra l'art de créer des compositions et comment choisir vos fleurs.

Aubépine by Dénys
14 rue des Fleurs - 68100 Mulhouse
03 89 42 81 56
www.aubepinebydenys.fr
Aubépine Artisan Fleuriste

Christiane Groll

Un havre d'élégance et de raffinement! Chez Christiane on mêle les fleurs et les matières. Découvrez des bouquets et des compositions contemporains ou plus champêtres que l'on ne voit nulle part ailleurs. Les maîtres mots sont simplicité et romantisme. On trouvera aussi une sélection de vases et objets déco tout en finesse et très originaux. Comme par exemple sa gamme de vases en papier: Mille-feuilles, des feuillets de soie qui cachent des soliflores; Jeu, des tubes en papier ou Monde, une boule de douceur. Mention spéciale pour les petits bouquets à l'avant de la boutique.

Christiane Groll
3 rue du Temple Neuf - 67000 Strasbourg
03 88 22 16 77
www.christianegroll.com

Home Jasmin Design Floral

Le truc en +

Des cours du soir sont régulièrement proposés pour apprendre l'art floral dans le même esprit de la boutique.

Une adresse où l'on a rendez-vous avec l'originalité. Des renoncules noires, des fleurs et des bulbes associés dans des verrines, et toujours une belle sélection de vases et petits objets déco. Voici des fleuristes autodidactes qui souhaitent sortir des sentiers battus. Ici pas de compositions classiques, la sélection des végétaux est inattendue et souvent dans des contenants originaux. Un vrai régal pour les yeux.

Home Jasmin Design Floral
6 rue Morel - 68000 Colmar
03 89 24 34 02
www.homejasmin.blogspot.fr
Home Jasmin

Il Etait Une Fois

On a aimé ce fleuriste pour la finesse de ses bouquets et la sélection d'objets de décoration nature et élégante. C'est aussi ici que vous trouverez une large gamme de bougies Baobab. On craque pour leurs fleurs couleurs pastel, les blanches si romantiques, la palette de roses bohème et pendant la période de Noël la boutique devient un rêve de douceur.

Il Etait Une Fois
3 rue du Général de Gaulle - 67610 La Wantzenau
03 88 96 20 58
www.iletaitunefois-fleuriste.fr

L'Amaryllis

Isabelle est une fleuriste et une décoratrice de talent, elle réunit dans sa boutique fleurs et plantes et du mobilier et autres éléments de déco qu'elle déniche en Belgique ou en Hollande. Beaucoup de métal et de pierre dans cette ambiance qui ose les couleurs sombres et intemporelles. Une belle sélection de décoration pour le jardin et ses couronnes de l'Avent sont de toute beauté. Elle redécore aussi votre intérieur. Sa soeur gère la pépinière familiale et nous propose fleurs, plantes d'ornement et un grand choix de végétaux.

L'Amaryllis
67760 Gambsheim
67000 Strasbourg (prochainement)
06 42 74 32 59
www.amaryllis-design.fr
Amaryllis Design

L'Entre-Pot

➤ *Fleurs, décoration et salon de thé*

Voilà le genre de formule que l'on adore : une boutique de fleurs et de déco qui nous sert une tasse de thé et une viennoiserie. Parmi les parfums enivrants des fleurs on se détend et on glane aussi des objets et meubles déco choisis avec soin par Julie. Son goût pour le mélange des styles est très sûr : le charme du vintage et de la brocante qu'elle associe à ses compositions florales fraîches et épurées. Ses bouquets sont délicats et pleins de poésie. Présentés sur de vieilles caisses en bois, ils semblent figer le temps qui passe. Julie vous donnera volontiers des conseils pour vos aménagements extérieurs et elle propose aussi à la location du mobilier et accessoires déco.

L'Entre-Pot
39 rue Berthe Molly - 68000 Colmar
03 68 61 10 83 - 06 72 81 17 88
www.cafe-fleurs-colmar-lentrepot.fr
L'entre-Pot

Pivoine

Une devanture qui anime toute la rue, à l'intérieur on ne sait plus où donner des yeux. Entre arrangements poétiques et petite déco il y en a pour tous les goûts et tous les budgets. Une ambiance de brocante et de récup qui flotte sur les deux étages de cette charmante boutique.

Pivoine
18 rue Turenne - 68000 Colmar
03 89 24 43 46
www.fleuriste-pivoine.fr
Pivoine fleuriste décorateur

Créations Bernard Stinner

➤ Girouettes artisanales

Et si on mettait sur nos toits une touche de poésie ! Bien connu dans la région, Bernard est le spécialiste des girouettes artisanales qui dominent nos maisons ou décorent nos jardins. Ses girouettes sont sensibles à la moindre brise et s'orientent face au vent grâce au système de rotation à billes. Son imagination n'a pas de limites ; il représente avec finesse et poésie des silhouettes de chats, d'enfants, des hiboux, des animaux de la ferme, des oiseaux. Pour personnaliser nos toits, il représente nos métiers, nos sports et loisirs, et propose aussi des symboles mystiques. Véritable passionné, souvent très absorbé par la création, demandez-lui gentillemment vos initiales, dates ou toute autre gravure sur-mesure. Les figures sont soit en alliage d'aluminium rigide soit en cuivre verni, le support et la flèche sont en acier ou en laiton et le tout est garanti robuste contre les vents violents. Dans son atelier il réalise aussi d'autres créations en métal pleines de poésie : potences, enseignes, luminaires et spirales.

Créations Bernard Stinner
6 Annexe Ehnwihr - 67600 Muttersholtz
03 88 85 16 65
www.girouette-stinner.com

Dimension One Spas

Une référence dans le Spa haut de gamme, la marque propose toutes les tailles et versions de spas : hors sol, encastrés, en mode relaxation ou hydrothérapie et même des spas de nage. Les assises sont ergonomiques et confortables pour un meilleur lâcher prise. Les finitions sont élégantes avec des imitations bois de qualité. N'hésitez pas à visiter leur showroom et trouvez la formule qui vous conviendra le mieux.

Dimension One Spas
ZAC du Rosenmeer - 1 rue Jean-Marie Lehn - 67560 Rosheim
03 88 62 08 05
www.d1spas.fr
Dimension One Spas Europe

DS Design

➤ Création mobilier et accessoires extérieur

Cette entreprise artisanale travaille le métal et réalise des escaliers, rampes et garde-corps pour nos intérieurs et propose aussi des créations sur-mesure de portails, pergolas, terrasses et clôtures. On aime tout particulièrement leur créativité dans le mobilier de jardin et les accessoires pour nos terrasses et balcons : des brise-vues en métal à végétaliser, de grands bacs à fleurs bariolés, des sculptures de jardin, des bancs contemporains. Un coup de frais made in Alsace dans nos espaces verts.

Le truc en +

L'entreprise travaille avec les designers du Comptoir du Design **(voir p. 120)**

DS Design - Fabrice Sprenger
5 avenue Colbert - 68170 Rixheim
09 81 28 23 61 - 06 11 82 84 49 (Sur rendez-vous)
www.ds-design.fr
DS Design - Fabrice Sprenger

Equ'inox Design

➤ Mobilier design

Le truc en +

Une partie du mobilier est disponible à la location pour des événementiels.

Leur showroom à la Cité de l'Habitat fait plus de 150 m^2. On y découvre une très belle sélection de mobilier contemporain pour nos intérieurs et aussi des collections très originales pour pimenter et booster nos extérieurs. On adore les poufs colorés Jumbo bag, le salon de jardin BOQA très vintage brésilien, la marque Matière Grise et ses tabourets de bar bariolés très industriels. Coup de coeur spécial pour la marque Qui est Paul, bien représentée avec ses lignes organiques en polyéthylène. Les fontaines de la marque Laorus sont disponibles dans 14 coloris, de quoi rajeunir le vieux mur en pierre sèche de la terrasse.

Equ'inox Design
Bâtiment K - La Cité de l'Habitat
Route de Thann - 68460 Lutterbach
03 89 62 10 62 - 06 60 22 63 40
www.equinoxhausgauen.com
EQU'INOX DESIGN

Espace Floral Herzog

➤ Horticulteur

Une autre façon de concevoir les plantes et les fleurs ! Yvon et son épouse nous accueillent sous leurs serres, dans une atmosphère romantique, les plantes se mêlent à la décoration faite de vieux meubles, de paniers en osier, de cages à oiseaux en fer forgé. Ici on craque pour un arrangement réalisé dans une bassine en zinc ou on vient chercher ses premières pensées de printemps ou on teste les légumes de saison à cueillir soi-même et qui poussent selon les principes de permaculture. Pour les fêtes le lieu se transforme en féerie et on découvre des couronnes de l'Avent pleines de poésie 100% made in Alsace avec des végétaux de saison.

Espace Floral Herzog
Route d'Andlau - 67140 Mittelbergheim
03 88 08 41 13
Espace Floral Herzog

Le truc en +

Yvon propose aussi le gardiennage de vos plantes méditerranéennes pendant l'hiver : confiez-lui vos oliviers, orangers, citronniers, lauriers roses en pots. Il les cherche chez vous et vous les ramène au printemps.

Esprit Bambou

➤ Spécialiste du bambou

Qu'ils soient nains, non-traçants, pour une haie ou géants, à chaque projet son bambou, c'est la devise de Marc, le passionné à la tête de cette bambouseraie, la plus grande de l'Est. Ici on trouve plus de 4 000 plants, soit 60 espèces, et tous les accessoires et produits nécessaires à son adaptation dans nos jardins. A côté des serres on déambule avec plaisir dans le jardin d'exposition zen à la découverte de ces plantes fascinantes, un instant on se croirait au Japon. Possibilité de commander en ligne.

Le truc en +

Marc « Maître Panda » est toujours là pour répondre à une question pratique ou résoudre un problème de bambous récalcitrants.

Esprit Bambou
40 route de Brumath - 67670 Mommenheim
03 88 51 55 45
www.espritbambou.fr
Esprit Bambou

Haemmerlin

➤ Fauteuil-brouette

L'emblématique fabrique alsacienne de brouettes s'est mise à la déco. Elle utilise ses caisses qu'elle détourne en de très confortables fauteuils de jardin. Un petit côté industriel qui séduira aussi bien nos terrasses citadines que des jardins plus traditionnels. Choisissez une couleur noire ou taupe pour une ambiance actuelle ou osez un orange pétant pour un décor tonique. C'est Taboo !

Haemmerlin
Route de Steinbourg - 67700 Monswiller-Saverne
03 88 01 85 00
welcome@haemmerlin.com
www.haemmerlin.com

Jardin d'eau

➤ Piscines en bois et béton
Construction et rénovation

L'univers de la piscine nécessite des compétences très diverses, aussi bien techniques que paysagères et décoratives. Valérie Merklen, aussi à l'aise dans la connaissance des matériaux que dans la recherche d'un esthétisme éprouvé, vous apportera tout son savoir et sa gentillesse pour mener à bien votre projet piscine. Qu'elle soit en bois, bel atout écologique ou plus contemporaine en béton, elle aura à cœur d'intégrer votre piscine avec naturel pour faire de votre jardin une vraie pièce d'extérieur.

Jardin d'eau - Valérie Merklen
10 rue Louis Pasteur - 68250 Rouffach
06 70 72 33 84
jardindeaupiscines@gmail.com
www.piscineboisalsace.fr

Nature O baignades

Gilles Zeugmann est au service de la baignade naturelle depuis de longues années. Il s'est spécialisé dans la conception et la réalisation de piscines ou de baignades naturelles, de jardins aquatiques. Grâce à son expérience, il met à votre service toutes les dernières nouveautés en matière de filtration les plus performantes et les plus « bio » possible, la biologie de l'eau n'a pas de secret pour lui. Vous aurez une piscine qui s'intègrera dans votre paysage sans oublier les contraintes techniques et sanitaires indispensables au bon fonctionnement de votre bassin.

Nature O baignades - Gilles Zeugmann
1a rue de La Porte Haute - 67650 Dambach-la-Ville
03 88 92 44 02 - 06 07 15 88 00
www.natureobaignades.fr
NatureO baignades

No Limites Made in Elsass

➤ Métallurgie

Denis Spiehlmann est un artisan hors normes. Quand il s'agit de métal, son imagination n'a pas de limites. Il réalise des escaliers, des portails, des garde-corps et pour vos extérieurs du mobilier, des sculptures en métal ou des boîtes aux lettres très originales. Sa signature c'est l'effet rouille qu'il arrive à stabiliser. Si vous avez une idée derrière la tête il pourra réaliser vos rêves les plus fous.

No Limites Made in Elsass - Denis Spiehlmann
4 impasse du Stade - 67350 Niedermodern
03 88 07 83 07 - 06 85 91 40 69
www.nolimiteselsass.fr

Pépinières et Paysages Specker

C'est l'endroit idéal si l'on cherche des plantes vivaces et de rocaille. A nous les collections d'hostats, les géraniums odorants, les delphiniums aux couleurs variées, les anémones du Japon, les graminées ou les collections de fougères. Passez aussi par la boutique, vous trouverez des idées déco pour l'intérieur et l'extérieur.

Pépinières et Paysage Specker
168 rue de Mulhouse - 68300 Saint-Louis
03 89 69 80 30
www.specker-vivaces.com
http://specker-paysagiste.chez-alice.fr
Specker Sarl Paysage

Pépinières Jean Gissinger

Le truc en +

Leurs vendeurs sauront vous conseiller pour l'aménagement de vos extérieurs. Venez en été ou en hiver ils seront plus disponibles.

Une vaste pépinière qui propose plus de 2 500 variétés de plantes ornementales, fruitières, conifères et des rosiers en conteneurs. C'est une adresse que l'on aime particulièrement pour la diversité des variétés proposées et l'offre de plantes de grandes tailles.

Pépinières Jean Gissinger
122 rue du 4e Régiment de Spahis Marocains - 68250 Rouffach
03 89 49 62 18
contact@pepinieres-gissinger.fr
www.pepinieres-gissinger.fr

Pierre Wagner Espaces Verts

Une autre vision du jardin s'offre à nous quand on fait la connaissance de Pierre et de ses équipes. Ils aiment préserver l'âme de votre jardin, lui donner une touche romantique, choisir des plantes en adéquation avec votre mode de vie pour que vos espaces verts vous ressemblent. On peut leur demander des créations paysagères et des plantations mais aussi des terrasses en bois ou en pierres naturelles, l'engazonnement, le dallage et pavage ou alors un diagnostic de vos arbres. Pierre s'est lancé dans la sauvegarde d'arbres voués à l'abattage. Il les déterre et les replante dans un environnement adéquat, pourquoi pas chez vous ! Il travaille aussi beaucoup le mobilier dans les jardins, et il associe volontiers à ses plantes des objets et meubles de brocante, ainsi que de vieilles pierres. Effet bohème garanti !

Pierre Wagner Espaces Verts
4 rue Artisanale - 67310 Wasselone
03 88 87 09 98
www.pierrewagner-paysagiste.com
Pierre Wagner Espaces Verts

Roseraie Barth

C'est le plus gros producteur de roses de la région. Leurs champs de rosiers s'étendent à perte de vue. Dans son catalogue on trouve aussi bien des rosiers anglais, à massifs, grimpants et lianes, couvre-sols et à grandes fleurs. On se rend sur place d'octobre à mai pour acheter les rosiers en motte et ensuite ils sont vendus en pots. En été on visite avec délice leurs champs d'où s'échappent des senteurs envoûtantes.

Roseraie Barth
4 rue des Près - 67440 Lochwiller
03 88 71 40 51
www.roseraiebarth.com

Solutions Bio

➤ Coaching en création de jardins

Voilà une belle démarche qui va sans doute vous aider si vous aspirez à un jardin plus sain et harmonieux et à un potager bio. Ici c'est à vous de mettre la main à la pâte, Jean-Pierre vous apporte son diagnostic et ses conseils. De la création paysagère – en fonction de votre mode de vie et des contraintes du terrain – à la création de jardins et potagers, vous serez guidés et accompagnés. Il réalisera des plans d'aménagements, vous orientera vers des solutions pratiques de récupération de pluie ou de facilité d'entretien.

Solutions Bio - Jean-Pierre Ummenhover
2 impasse du Frenz - 68120 Pfastatt
03 89 53 41 77 - 06 62 73 96 30
www.solutions-bio.fr

Suède Sauna

➤ Bains nordiques

Ebeniste et agenceur dans les Vosges, ce fabricant et installateur est spécialisé dans les saunas et hammams. Depuis peu il propose une gamme de bains nordiques. Pour allier bien-être et esthétique au naturel on craque pour ces bains où le bois est roi. Fabriqué dans leurs ateliers en fonction de vos besoins leurs équipes respectent le savoir-faire scandinave.

Suède Sauna
12 traverse du Daval - 88250 La Bresse
03 29 25 45 10
www.suedesauna.fr
Suède Sauna

Syma

➤ Mobilier de jardin

Destiné en priorité aux professionnels, les propriétaires ont fini par ouvrir un showroom de 400 m² aux particuliers. Sur leur site web on commande tous les styles de salons de jardin, bains de soleil, bancs et balancelles, tables et chaises et même du mobilier pour enfants. Dans leur showroom on découvre surtout les accessoires et les luminaires : pots lumineux, bacs à plantes, sculptures et figurines en résine, fontaines et treillis.

Syma
126 rue Principale - 68390 Battenheim
03 89 32 45 06 - 06 23 72 39 40
www.syma-mobilier-jardin.com

Violette Arbogast

➤ Tailleur de pierre

Une vraie poésie se dégage des créations de Violette. En plus de son activité de restauration et de commandes publiques elle est toujours inspirée pour embellir vos extérieurs. Avec finesse elle peut réaliser une belle fontaine en grès des Vosges, des balustrades pour une terrasse ou des sculptures animales ou végétales. Qu'elles soient réalistes ou abstraites, classiques ou contemporaines, ses créations sont toujours des pièces uniques, un supplément d'âme dans nos jardins.

Violette Arbogast
3 rue du maire Rudloff - 67310 Westhoffen
03 88 50 55 25 - 06 85 20 61 85
www.violette-arbogast.com
Arbogast Violette

Yogja Deco

➤ Gazebos Indonésiens

Ces passionnés d'authentique travaillent depuis plus de 10 ans avec les meilleurs artisans indonésiens pour nous proposer des matériaux élégants et originaux : parements en bois et en pierre, parquets exotiques, panneaux décor de portes. Ce qui nous a beaucoup plu c'est leur gamme de gazebos pour nos extérieurs. Une touche d'exotisme pour nos jardins, parcs ou terrasses. Chaque utilisation est différente, les styles et modèles sont très variés, et la facilité d'implantation permet de valoriser des espaces pas faciles : manque de soleil, inclinaison du terrain et nature du sol. A nous les abris de jardin et abris spa originaux !

Yogja Deco
1 rue Traversière - 67310 Westhoffen
06 38 82 15 64
www.yogja-deco.com
YOGJA DECO

DIY et stages

11

Le DIY, ou la version anglo-saxonne du « fait maison » revient en force.

C'est peut-être l'antidote à la vie stressante et trépidante que nous vivons au quotidien. L'on reprend l'envie de prendre son temps. La laine défile au son du cliquetis des aiguilles, le crochet est manié avec dextérité, l'aiguille brode des merveilles, et l'esprit s'apaise. L'on retrouve un savoir-faire abandonné. Hier il était transmis par nos mères, nos grands-mères, aujourd'hui nous fréquentons des ateliers, nous prenons des cours dont l'offre est de plus en plus nombreuse et variée. Le DIY se met au service de la déco, il permet une personnalisation de nos objets : un coussin tricoté, un meuble que l'on aura appris à patiner, une vieille gravure que l'on encadrera, le tissu dont on se servira pour fabriquer rideaux et abat-jour coordonnés. Il n'y a pas de limite à notre créativité, alors OSEZ, l'envie prend le pas sur la maladresse, l'habileté vient en pratiquant et l'objet réalisé vous procurera un plaisir inégalé.

Art et Carton

➤ Meubles en carton

Sandrine Knobloch maîtrise la création de meubles en carton depuis de nombreuses années. Dans son bel atelier elle propose des stages et des cours. En initiation de quatre heures ou à l'année, vous mettez la main à la pâte et quelle que soit la formule vous repartirez avec votre petit meuble. On aime tout particulièrement les cours parents-enfants et Sandrine propose aussi de fêter les anniversaires sur le thème du bricolage, original !

Art et Carton - Sandrine Knobloch
16 rue de la Paix - 67114 Eschau
06 13 61 75 11
s.knobloch@voila.fr
www.artetcarton.com
http://blog.artetcarton.com
Art et Carton

Atelier Carton Feel Free

➤ Meubles en Carton

Chez Caroline Labelle vous ne faites pas que des meubles en carton. C'est une journée de rires et de partage en perspective. Avec des cartons exclusivement récupérés, sa démarche est respectueuse de l'environnement, elle vous propose de confectionner des petits fauteuils, des étagères, des chevets. Très simples, ses stages sont accessibles à tous, débutants en bricolage ou bricoleurs confirmés. Vous repartirez avec un meuble prêt à être décoré.

Atelier carton Feel Free - Caroline Labelle
12 rue du Général de Gaulle - 67560 Rosheim
06 08 05 40 57 (Voir dates stages)
www.atelierfeelfree.fr
Atelier Feel Free

Le truc en +

Elle distribue une gamme de peintures spéciales carton, respectueuses de l'environnement et made in Alsace, les Peintures Erika **(voir p. 27).**

Atelier de Céramique l'Orange Bleue

➤ Cours et stages de céramique

Le truc en +

Diplômée également en Art-Thérapie elle peut vous offrir plus qu'un simple épanouissement artistique.

Hélène Dupuis vous accueille dans son atelier d'expression par la terre ouvert à tous les publics à partir de 5 ans. Elle enseigne la sculpture, le modelage, la faïence. Que vous ayez envie de vous lancer dans les objets utilitaires, tasses, carafes, théières, assiettes ou des productions plus artistiques, elle vous guidera pas à pas. Les cours sont hebdomadaires et elle organise aussi des stages d'une semaine pendant les vacances.

Atelier de Céramique l'Orange Bleue
4 rue de l'Arc-en-Ciel - 67000 Strasbourg
03 88 35 62 55
www.atelier-de-ceramique-orange-bleue.blogspot.fr

Atelier de Valentine

➤ Couture créative

Frédérique est une passionnée de couture créative. En plus de ses coussins, tabliers, torchons, pochons elle propose des sacs et cabas qu'elle personnalise selon vos goûts. Surtout elle propose des fiches de couture, des kits et des coupons de tissus. Les patrons sont ses propres créations, idéaux pour démarrer en couture, les kits sont très complets. On aime sa sélection de tissus toujours très frais, tout en douceur et parfaits pour une déco shabby chic.

Atelier de Valentine
Strasbourg
06 51 46 29 47
contact@atelierdevalentine.fr
www.atelierdevalentine.fr
Atelier de Valentine

Bresch&Cie

➤ Fournitures

Une belle gamme de produits pour la décoration intérieure : du tissu au mobilier en passant par les stores ou les tapis. Mais surtout c'est ici que vous pourrez dénicher tout le matériel pour un DIY performant comme des mousses de fauteuils sur mesure, des outils de tapissier, des clous, les mécanismes pour des stores bateaux, du simili cuir, des tissus... Si vous avez un projet de fauteuil, de rideaux ou de store, c'est l'adresse incontournable.

Bresch&Cie
14 boulevard du Président Poincaré - 67000 Strasbourg
03 88 32 06 61
www.bresch.fr

Cannage et Paillage

➤ Restauration

Vous avez récupéré le rocking chair de votre pépé ou déniché un lot de chaises dans un vide grenier mais les assises sont fatiguées voire foutues. Le bon réflex c'est de les confier à l'Association des Aveugles et Amblyopes près de chez vous. Formés aux techniques traditionnelles et modernes de cannage et paillage, les employés travaillent dans les ateliers de l'association ou certains chez eux. Ils sont soit aveugles soit atteints de déficience visuelle et tous appartiennent au domaine des métiers d'art. Le travail est totalement manuel et leur savoir-faire permet de répondre à toutes vos demandes : restauration de sièges, têtes de lit, banquettes, cache-radiateur. Retrouvez les techniques et les tarifs sur leur site.

Association des Aveugles et Amblyopes d'Alsace et de Lorraine
27 rue de la 1ère Armée - 67000 Strasbourg
03 88 36 03 77

3 rue du Rempart - 68000 Colmar
03 89 41 24 65

40 rue Franklin - 68200 Mulhouse
03 89 42 00 80

www.cannage-paillage.com
www.aaal-asso.com

Cécile Mairet

➤ Stages de réfection de sièges

Installée comme tapissière d'art dans le nord de l'Alsace, Cécile investit des lieux ponctuellement et dans toute la Région, pour proposer des stages de réfection de sièges le temps d'un week-end. Travaillez le dégarnissage, la pose de sangles ou du tissu final en toute convivialité et quel que soit votre niveau. Pour connaître les prochaines dates et lieux de cours contactez Cécile.

Cécile Mairet
79 rue des Eglises - 67290 Tieffenbach
06 30 27 32 84 (Sur rendez-vous)
www.cecilemairet.com

Céramiqu'Art

➤ Cours de céramique et empreintes bébé

Envie de créer ou de personnaliser votre vaisselle, de réaliser des objets en faïence. Ici on vous propose des forfaits adultes, enfants et parents-enfants pour s'initier à la céramique, dans un atelier où la création va bon train. Solène vous accueille et vend tout le matériel nécessaire. Elle a aussi mis en place une prestation de cuisson pour les céramistes sans four. Elle prépare aussi des kits déco, comme par exemple la peinture sur biscuit ou des déco de Noël à suspendre. On adore !

Le truc en +

On adore le créneau du mercredi matin où l'on peut venir avec son bébé ou petit enfant pour réaliser l'empreinte de son pied, de sa main ou les deux dans un médaillon en terre.

Céramiqu'Art
12 rue de Molsheim - 67000 Strasbourg
03 88 36 29 51
Solène Dumas : 06 08 32 77 44
Clément Petibon : 06 83 86 56 43
www.ceramiquart.com
Céramiquart

Chaux Michel Boehm & Cie

➤ Enduits naturels

Construction, isolation, enduits et peintures naturelles, quel que soit votre projet la famille Boehm vous propose des formations à partir de la matière première qu'elle exploite à Dahlenheim : la chaux. Leur savoir-faire en matière de construction et de décoration est très étendu. Ils sont capables de proposer des solutions pour tous vos projets. Vous pourrez par exemple vous initier aux techniques d'enduits ou de peintures naturelles, apprendre les mélanges et les gestes d'application précis.

Le truc en +

Un showroom pour découvrir les possibilités infinies en matière de décoration.

Chaux Michel Boehm & Cie
Usine à chaux - Route départementale 118 - 67310 Dahlenheim
03 88 38 11 60
www.chauxboehm.fr
Chaux Michel Boehm & cie

Créations Fanchon

➤ Cartonnage-Encadrement-Couture-Abat-jour

Sur les hauteurs de Turckheim, Fanchon Grand vous accueille dans son atelier pour des stages ponctuels ou des cours à l'année. Quel que soit votre niveau elle propose une centaine d'objets faciles à réaliser pour personnaliser votre déco. C'est avec elle que vous pourrez enfin réaliser l'abat-jour de vos rêves ou le store bateau pour la chambre de bébé. Dans sa boutique de loisirs créatifs vous pourrez vous fournir en tissus originaux, rubans, galons, boutons, papiers japonais, accessoires et matériel technique. On aime la fantaisie dans ses créations et sa joie de vivre communicative. On vous garantit un très bon moment en sa compagnie.

Créations Fanchon
7 route de Niedermorschwihr - 68230 Turckheim
06 14 47 13 81 (Voir horaires)
www.creationsfanchon.com
Créations Fanchon

Déco ê Sens

➤ Coaching déco

Le truc en +

Valérie propose aussi des séances pour approfondir vos connaissances en décoration d'intérieur autour de thématiques : couleurs, lumière, éco-design, styles et tendances.

Valérie Dumas est décoratrice d'intérieur. Elle propose plusieurs formules d'ateliers pratiques pour imaginer, approfondir et sublimer votre aménagement intérieur. On adore ses formules originales qui s'adaptent à toutes les demandes et aux différents budgets. On peut se contenter de réaliser une planche d'inspiration ou, plus large, d'un carnet d'intérieur ou opter pour l'étape plus concrète avec le coaching déco pratique : les participants réunis en petits groupes réalisent les projets d'aménagement chez les uns et les autres pour s'initier aussi aux bonnes techniques de peinture, pose de papier peint ou petits travaux dans une ambiance conviviale et solidaire.

Déco ê Sens - Valérie Dumas
Strasbourg
06 17 33 08 48
valerie.dumas@decoesens.com
www.decoesens.com
Decoesens Strasbourg

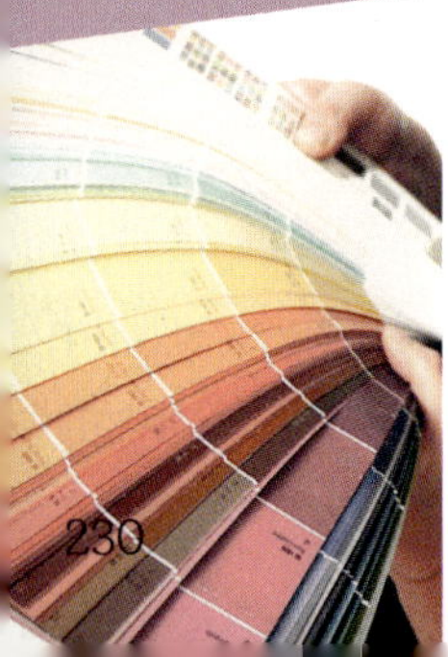

Ecotidienne

➤ Stages écologiques

Lydia Christmann a passé plus de 15 ans dans le milieu associatif à sensibiliser à la protection de l'environnement. En 2008 elle crée Ecotidienne et propose ateliers, stages et conférences autour de cette problématique. On peut ainsi apprendre à fabriquer ses produits ménagers ou cosmétiques et le domaine de l'habitat n'est pas en reste. Ça commence par la construction avec des stages d'auto-construction ou rénovation de sa maison écologique, la construction en bottes de paille, puis toutes les techniques de construction en chanvre, les enduits en terre crue, les enduits de finition chaux-sable et les peintures naturelles. On découvre aussi la vannerie traditionnelle que ce soit pour fabriquer sa clôture de jardin en saule ou son panier à cerises. Vous aimerez l'ambiance conviviale et ludique de ces rencontres.

Ecotidienne
15 rue Principale - 67340 Sparsbach
03 88 89 20 83
www.ecotidienne.fr
Ecotidienne

Esprit de Fée

➤ Tissus et matériel

Une véritable caverne d'Ali Baba de la déco et du DIY. On y trouve des accessoires rigolos et pleins de fantaisie pour petits et grands, mais surtout la matière première pour travailler les tissus, le carton, le bois, le papier et le verre. Ces petites fées ne sont jamais à court d'imagination. Elles seront de bons conseils pour vos envies de bricolage.

Esprit de Fée
7 rue de l'Artisanat - 67210 Obernai
03 88 47 19 84
www.espritdefee.fr
Esprit De Fée

FabLab

➤ Laboratoires de Fabrication

Le concept des FabLab (Fabrication Laboratory) est né aux Etats-Unis, destinés aux étudiants pour construire à peu près n'importe quoi. Petit à petit il s'est ouvert au grand public et répandu dans le monde entier. Chacun peut donc accéder à ces machines à commandes numériques pour fabriquer objets en tout genre et pourquoi pas du mobilier.

Dans nos FabLab alsaciens on trouve tout l'outillage, petit et très gros, pour découper le bois, le plexiglas, l'aluminium, les mousses expansées, le polystyrène, le carton... La découpe laser découpe et grave des matériaux fins et souples comme les tissus, le cuir, le verre et le papier. Et gros coup de coeur pour l'imprimante 3D qui réalisera petits objets déco, pièces de rechange ou bijoux. Vous arrivez avec votre matériau et votre projet et vous repartez avec un objet prêt à être monté ou à servir.

AV-Lab
4 rue de la Douane - 67000 Strasbourg
contact@av-lab.net
(Ouvert les mercredis et samedis)
www.av-lab.net
AV Lab // Fablab Strasbourg

TechniStub
130 rue de la Mer Rouge - 68200 Mulhouse
contact@technistub.fr
www.technistub.fr
Technistub

Le truc en +

Téléchargez librement des plans d'objets et accessoires à réaliser sur imprimantes 3D : www.thingiverse.com. **Autre site ouvert aux designers qui partagent les plans de leurs créations :** www.opendesk.cc

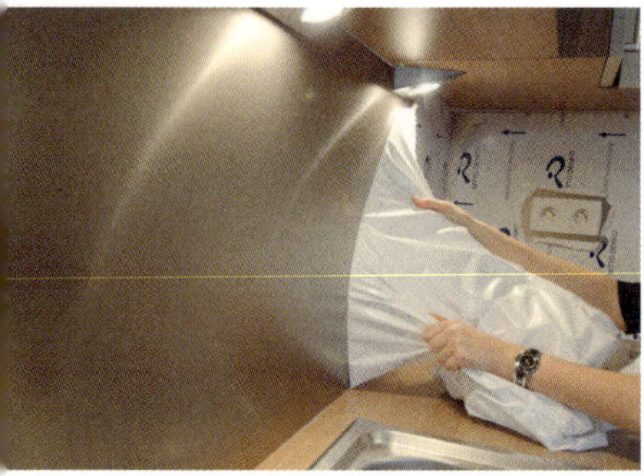

John Steel

➤ Métal sur mesure

Voilà une idée qu'elle est bonne ! Installée à Colmar, l'entreprise Alsace Tolerie travaille le métal à l'échelle industrielle et décide d'ouvrir la branche John Steel destinée aux particuliers à la recherche de métal découpé sur mesure. Pas forcément besoin de vous déplacer, les commandes peuvent se faire directement sur leur site. Envie d'une nouvelle crédence en inox, un contour de cheminée, un plateau de table basse, tout est possible. Le choix en aluminium, inox et acier est impressionnant. Vous êtes même accompagnés pour concevoir des fichiers sur mesure pour découper des plaques aux motifs de votre choix. Très déco l'inox miroir ou plus industriel l'acier armé pour des marches d'escalier.

John Steel
13 rue Mittler-Weg - 68000 Colmar
0800 746 548
www.john-steel.com
John Steel

L'Atelier Créations Maison

➤ Patine et relooking de meubles

Nathalie est une spécialiste du relooking de meubles et de patines. Elle propose des ateliers pour transmettre ses techniques. Vous venez avec le meuble de votre grand-mère et sous les bons conseils de Nathalie le voilà reparti pour une nouvelle vie dans votre intérieur, avec de nouvelles teintes plus actuelles.

Le truc en +

Elle fait découvrir la gamme de Peintures Erika, idéales pour des finitions irréprochables et respectueuses de l'environnement.

L'Atelier Créations Maison - Nathalie Spettel
7 rue du Tokay - 68420 Eguisheim
06 03 80 16 14
Nathalie Spettel - L'Atelier Créations Maison

L'Atelier de Geppetto

➤ Menuiserie pour enfants

Un authentique atelier digne des contes pour enfants. Un lieu unique où enfants et parents peuvent s'initier à la menuiserie et fabriquer des jouets naïfs et qui font travailler l'imagination. Quelle fierté de fabriquer soi-même son pantin, son dinosaure roulant, un petit avion ou de mignons petits robots. Nordine est un Gepetto passionné, artiste et attentionné avec les enfants, derrière chaque geste une envie de transmettre et d'apprendre. Il propose des ateliers à partir de quatre ans accompagné d'un parent, ou tout seul dès six ans. Et pourquoi pas des séances à l'année ou une étonnante fête d'anniversaire ? On adore !

L'atelier de Geppetto
7 rue des Couples - 67000 Strasbourg
06 77 80 42 80
www.atelierdegeppetto.blogspot.fr
L' Atelier de Geppetto

L'Éclat de Verre

En plus du matériel très complet pour réaliser encadrements en tout genre, cartonnages et reliures, vous trouverez toujours une équipe dynamique et créative prête à vous aiguiller sur vos projets créatifs. On adore leur grand choix de papiers décoratifs qui peuvent servir à customiser des portes de placards un peu trop blanches.

L'Éclat de Verre
6-8 rue de la 1ère Armée - 67000 Strasbourg
03 88 35 36 37
www.eclatdeverre.com
L'Eclat De Verre Strabourg

Le Comptoir du Patch

Ici vous pourrez suivre des cours de cartonnage, abat-jour, patchwork et broderie dans une ambiance conviviale et entourés de la plus grande collection de tissus et accessoires de loisirs créatifs de la région.

Le Comptoir du Patch
1 rue du Château - 67980 Hangenbieten
03 88 96 88 10
www.lecomptoirdupatch.fr

Les Bateliers

➤ Restauration de meubles et tapisserie

Un centre créatif et artistique où l'on peut s'initier aux techniques de restauration de meubles, à l'ébénisterie, la marqueterie et la garniture de sièges. Vous avez envie de relooker le fauteuil voltaire de votre grand-mère ? Vous l'emmenez avec vous, un professionnel vous accompagne pour chaque étape : le dégarnissage, la pose des sangles, la mise en crin, en passant par le travail d'ébénisterie jusqu'à la pose du tissu final. Plusieurs séances seront nécessaires, beaucoup de patience et d'huile de coude, mais quelle fierté !

Les Bateliers
3 rue Ernest Munch – 67000 Strasbourg
03 88 36 39 77
www.lesbateliers.com
Centre Créatif Les Bateliers

Self Tissus

➤ Tissus et ateliers couture

Oui c'est une franchise, oui c'est dans une grande zone commerciale mais l'équipe en place est vraiment dynamique et pleine de bons conseils. Ils organisent toutes les semaines des ateliers couture et tricot et n'importe qui peut s'inscrire, même les débutants. On sait que le tricot dans la déco a le vent en poupe, vous pourrez ainsi réaliser des cache-pots sympas, des galettes de chaises, des coussins rétro, des peluches et poupées vintage, des plaids ou des tapis. Bref ce ne sont pas les idées qui manquent et pour démarrer c'est toujours plus sympa d'être accompagné, en plus l'ambiance pendant les cours est décontractée. Une adresse sympa et une sélection de tissus originale.

Self Tissus
3 rue Transversale B – 67550 Vendenheim
03 88 99 34 21
www.selftissus.fr
Self Tissus Strasbourg

Valérie Dubach

Valérie est peintre. Pour les passionnés de décoration et de travail manuel, elle organise des formations dans son atelier strasbourgeois. A vous de choisir entre les patines, badigeons, peintures à l'ancienne, enduits de chaux, tadelakt, stucco ou encore le béton au sol.

Valérie Dubach
46 rue des Sarcelles - 67000 Strasbourg
09 50 67 68 37 - 06 31 47 17 72
dubachvalerie@free.fr
www.dubachvalerie.wix.com/sens-et-matieres

Valérie J. Brisvalter

➤ *Patine et relooking de meubles*

Valérie Brisvalter est décoratrice d'intérieur depuis plus de 10 ans. Jamais en manque d'inspiration elle propose, en plus de son activité, des coaching déco sous forme de cours. Vous transformez votre intérieur grâce à ses bons conseils. Et nous ce qu'on aime surtout ce sont les stages de relooking et patine de meubles. Le temps d'un week-end transformez la commode de mémé ou le buffet de la grande tante dans une ambiance conviviale et haute en couleurs. Valérie a toujours aimé redonner vie aux meubles ; elle vous transmettra ses secrets et vous guidera dans vos envies de création. Bon moment garanti.

Valérie J. Brisvalter
6 rue des Forgerons - 68230 Turckheim
07 60 93 08 08
www.valerie-coach-deco.com
Valerie J Brisvalter coach deco

Véronique Klein

Cette créatrice d'espaces organise régulièrement des ateliers pratiques pour partager les techniques fondamentales de décoration intérieure. Optimiser son intérieur, choisir ses couleurs, ses ambiances, travailler la lumière. Cette passionnée vous reçoit en toute convivialité, sa passion pour la décoration elle la vit surtout dans le partage.

Le truc en +

En fonction des moments de l'année elle propose même des séances bricolage pour réaliser votre déco personnalisée de Pâques ou de Noël.

Véronique Klein
2 rue du Noyer - 67280 Oberhaslach
06 13 83 20 94
www.veroniquek.fr
Véronique Klein

Virginie Gallezot

➤ *Atelier céramique*

Dans son petit atelier Virginie accueille les débutants qui souhaitent s'initier à la céramique ou les plus connaisseurs qui ont envie d'approcher la porcelaine. Elle vous guidera dans ses techniques favorites : le moulage ou le modelage. Sculptures, arts de la table ou décoration, laissez libre cours à votre expression.

Virginie Gallezot
14 rue des Poules - 67000 Strasbourg
06 76 86 40 30
www.virginiegallezot.com
Virginie Gallezot

Lieux d'inspiration 12

Aujourd'hui la « déco » est très tendance,

nous faisons le plein d'idées grâce à la lecture de magazines spécialisés, nous adorons nos émissions télé sur ce sujet. Cela reste pourtant un plaisir qui ne satisfait pas tous nos sens. La « déco » est au service de notre bien-être, elle ne doit pas répondre simplement à des critères de paraître. Le « beau » dans son intérieur, c'est le plaisir renouvelé de rentrer chez soi et de se sentir « bien ». C'est le plaisir des yeux et l'harmonie des couleurs, la justesse des volumes, le plaisir de l'ouïe dans une ambiance feutrée où les bruits sont mesurés, le plaisir de l'odorat avec des senteurs qui nous enchantent, et le plaisir du toucher avec des textures qui nous rassurent.
C'est ainsi que certains lieux nous parlent et répondent à tous ces critères : ce sera la maison de notre grand-mère, le château de nos rêves, le chalet de nos vacances, la chambre de notre enfance. Des souvenirs que l'on essayera de retrouver chez nous.
C'est la raison de cette rubrique : retrouver - grâce, par exemple, à un goûter dans un joli salon de thé ou à une nuit dans une chambre de charme - ce plaisir infini de se sentir bien.

Bistrot et Chocolat

➤ Restaurant, café et brunch

Ici pas de compromis, la qualité est présente dans les assiettes et dans la décoration! Les petits plats de Yoann Abitbol sont à l'image de l'aménagement de son restaurant: colorés, authentiques et conviviaux! Le papier peint à carreaux orange nous plonge dans l'ambiance rétro de la cuisine de nos grands-mères, toute la décoration est une madeleine de Proust! Yoann et sa femme Marie sont des amoureux de brocante, leur bar est un vieux zinc, ils collectionnent les vieilles pub et ils mettent un point d'honneur à moderniser tout ceci avec des touches de couleurs vitaminées. Bref le plaisir des yeux et des papilles sans chichi et avec le sourire, que du bon!

Bistrot et Chocolat
8 rue de la Râpe - 67000 Strasbourg
03 88 36 39 60
www.bistrotetchocolat.net
Bistrot et Chocolat

Le truc en +

Une cuisine végétarienne, de saison et sans gluten !

Chut

➤ Hôtel Restaurant

Mojgan, architecte de talent, s'est aménagé son ryad alsacien en plein coeur de la Petite France à Strasbourg. Cinq chambres d'hôtes et un restaurant un peu caché, axés sur une cour intérieure. Un havre de paix et de verdure, un peu secret. On adore sa décoration qui mélange pièces d'antiquité originales et lignes épurées et design. On y va pour un café, un repas au restaurant ou une nuit romantique.

Chut
4 rue du Bain aux Plantes - 67000 Strasbourg
03 88 32 05 06
www.hote-strasbourg.fr
Hôtel Restaurant Chut

Cour du Corbeau

➤ Hôtel

Lieu confidentiel et à la fois mythique de Strasbourg, cet ancien relais de poste retrouve une seconde vie pleine d'élégance. Quel surprise de découvrir cette cour intérieure cachée, rythmée par les coursives et les balustres en vieux bois. Les architectes de cet hôtel 4 étoiles ont cherché à conserver les matériaux d'origine et associent aux vieilles pierres du mobilier aux formes classiques, aux couleurs vitaminées. Dans certaines chambres le colombage rythme l'aménagement et devient le fil conducteur, dans d'autres parties plus récentes les hauteurs sous plafond offrent des volumes très aériens plus contemporains. On y va volontiers en été pour rêver autour d'un café dans la cour baignée de géraniums flamboyants.

Cour du Corbeau
6-8 rue des Couples - 67000 Strasbourg
03 90 00 26 26
www.cour-corbeau.com
Hôtel Cour du Corbeau - MGallery Collection

Datcha Lodges

➤ Gîtes insolites

Noëlle et François tombent sous le charme d'une authentique Datcha à l'abandon en Pologne. Ils décident de la démonter et la reconstruisent sur leur terrain familial à Labaroche. Difficile de ne pas succomber à son architecture insolite et à l'omniprésence du bois massif. Elle est remontée dans le respect de la tradition et Noëlle aménage l'intérieur avec goût et finesse. Deux gîtes sont proposés pour héberger 10 personnes au total. Dépaysement garanti à quelques minutes de la ville, c'est un vrai coup de coeur et la promesse d'une rencontre très conviviale.

Datcha Lodges - Noëlle et François Bohrer
328 Les Plains Champs - 68910 Labaroche
06 08 35 33 57
www.datcha-lodges.fr
Datchas Lodges

Des Roses et des Choux

➤ Bistrot parents/enfants

On y mange des produits frais et de saison, nos petits ont leur coin pour jouer, on s'inscrit à des ateliers parents-enfants sympas et en prime la déco est comme on aime : mobilier vintage relooké, couleurs douces et petits détails fun. Eugénie nous accueille avec le sourire, tout est pensé pour accueillir de petits enfants, on retrouve les jouets FisherPrice de notre enfance - un brin de nostalgie pour les parents trentenaires et surtout un concept qui manquait. Les banquettes ont été chinées et tapissées avec des tissus à fleurs très rétro, les dinosaures en plastique sont repeints dans des couleurs douces. Notre oeil trouve des astuces déco tout en profitant d'un moment convivial avec enfants et amis. Suivez leur actualité pour connaître le programme des ateliers.

Des Roses et des Choux
56 rue de Zurich - 67000 Strasbourg
06 03 18 07 71
contact@des-roses-et-des-choux.fr
www.des-roses-et-des-choux.fr
Des Roses & des Choux

Du Côté de Chez Anne

➤ Maison d'hôtes

Maison d'hôtes, restaurant et salon de thé, cet havre de paix en plein coeur du quartier Européen à Strasbourg vaut le détour. La décoration des chambres a été imaginée jusque dans les moindres détails par la gérante Anne Gerber et son architecte. Elles ont sélectionné les plus beaux tissus, moquettes, carrelages, du mobilier design et élégant et surtout elles ont travaillé une ambiance unique pour chacune de leurs cinq chambres. Le résultat : une ambiance à la fois cosy et raffinée, un très grand confort, des couleurs tantôt vivifiantes, tantôt apaisantes et par-dessus tout une harmonie subtile avec la maison en elle-même : une maison alsacienne à colombages plantée dans un magnifique parc arboré.

Du Côté de Chez Anne
4 rue de la Carpe Haute - 67000 Strasbourg
03 88 41 80 77
www.chezanne.fr
Du côté de chez Anne, hôtel - restaurant de charme

Graffalgar

➤ Hôtel

Un concept unique dans la région : un hôtel sans étoiles mais design et urbain comme on aime et pour cause, chacune des vingt chambres a été décorée par un artiste de la région. Il y a l'étage des photographes avec des œuvres imprimées sur le papier peint, l'étage des illustrateurs qui ont dessiné à même les murs et les meubles, et l'étage des graffeurs et des artistes plutôt Street Art. Une vraie réussite et des ambiances très différentes avec du mobilier brut inspiré des caisses de transport de marchandises. Le prix est accessible à tous et on vous garantit un vrai voyage.

Graffalgar
17 rue Déserte - 67000 Strasbourg
03 88 24 98 40
www.graffalgar.com
Graffalgar

Hammam et Traditions

➤ Spa urbain

Un concept unique vient d'ouvrir à Strasbourg : un spa hammam élégant qui propose rituels et soins entre tradition orientale et mode de vie occidentale. Marjorie vous accueille avec douceur dans une ambiance féérique. Tout le confort d'un spa haut de gamme avec la touche d'exotisme qu'elle a voulu sobre et cosy. Les teintes d'argent et de cuivre côtoient les murs ocres, le parfum de la fleur d'oranger vous enveloppe, un verre de thé à la menthe et des cornes de gazelle pour compléter le voyage. Côté soins, on a le choix parmi les rituels : le gommage dans les bains de vapeur, les masques au rhassoul, ou les formules à la carte comme le soin du visage à l'huile d'Argan, la cérémonie de la mariée ou le soin spécial femme enceinte. Un vrai moment d'évasion en plein centre ville !

Hammam et Traditions
2A rue Kageneck - 67000 Strasbourg
03 88 36 93 10
www.hammam-et-traditions.com
Hammam et Traditions

Hôtel Quatorze

➤ *Hôtel*

Une décoration résolument design pour un petit hôtel installé dans une maison à pans de bois en plein centre ville. Comme toujours des contrastes qu'on adore ! Couleurs sobres et élégantes, des camaïeux de gris et de bleu viennent animer le blanc qui domine avec pour chaque chambre un rideau imprimé sur mesure, une oeuvre d'art en tête de lit ou un marbre différent dans la salle de bain. Souvent le lavabo et la baignoire s'intègrent à même la chambre dans une parfaite harmonie, les luminaires sont très design et certains fauteuils ou petites tables sont des rééditions de Vitra.

Hôtel Quatorze
14 rue des Augustins - 68000 Colmar
03 89 20 45 20
www.hotelquatorze.com
Hotel Quatorze

La Chenaudière

➤ Spa

Un havre de paix en plein coeur des forêts vosgiennes. Ce tout nouveau spa nous a séduites par l'harmonie qui se dégage autant dans la variété des soins que dans le choix des aménagements et des matériaux. Le bois prédomine mais toujours traité de façon naturelle, sur certains murs ce sont même d'anciennes planches de granges qui sont utilisées. Les luminaires sont des créations en bois flotté et fausse fourrure blanche, certains abat-jour sont réalisés à partir de cocon de vers à soie. Vous adorerez le sauna avec vue sur les sapins, installés dans des fauteuils en forme de schlitte (traineaux à bois) qui épousent la forme du corps. Le bonheur des yeux, le repos du corps !

Le truc en +

Prolongez l'évasion avec une nuit dans la suite d'exception Les Cimes. Même ambiance qu'au spa avec en prime un jacuzzi exclusif sur la terrasse privative qui domine le site.

La Chenaudière
3 rue du Vieux Moulin - 67420 Colroy-la-Roche
03 88 97 61 64
www.cheneaudiere.com
Hostellerie La Cheneaudière - Relais & Châteaux

La Cour de Lise

➤ *Maison d'hôtes*

Un ancien corps de ferme du XVIe rénové, dans le respect de l'authentique, en cinq chambres d'hôtes et un restaurant convivial. Annie et Jean-Paul aiment les matériaux au naturel. L'âme de la maison est préservée au travers des pierres de taille apparentes aux murs, des enduits à la chaux ou des vieux bois réutilisés. Chaque chambre est différente et meublée dans le contraste de l'ancien et du contemporain. La salle des petits déjeuners est pleine de caractère avec l'ancien meuble d'apothicaire en bois. On y passe un week-end romantique ou on y régale nos papilles le temps d'un déjeuner ou d'un dîner dans le restaurant.

La Cour de Lise
26 rue Principale - 67370 Willgottheim
03 88 64 93 36
www.lacourdelise.fr

La Ferme de Marie

➤ Gîtes

Le truc en +

Demandez à voir la cuisine de Marie, elle vaut le détour !

Un voyage dans le temps au coeur de nos racines paysannes alsaciennes. Frédéric Cueney et Frédéric Bilger sont de jeunes passionnés de tradition populaire, de nature et d'authentique. Ils ont restauré eux-mêmes ce corps de ferme pendant plusieurs années dans le respect des matériaux et du savoir-faire traditionnel ils proposent aujourd'hui trois gîtes d'exception. Véritable stub avec des boiseries anciennes, poêles en fonte, évier en grès rose, draps en kelsch et tomettes en terre cuite. Si la décoration s'inspire des codes traditionnels, ces gîtes n'en restent pas moins confortables et avec tout le confort moderne. C'est là toute la subtilité. En prime un jardin romantique, un potager à l'ancienne, des animaux de ferme et des propriétaires toujours avenants et qui partagent volontiers leurs techniques de restauration si vous demandez gentiment.

La Ferme de Marie
5 rue Principale - 67310 Rangen
06 87 09 77 42
www.lafermedemarie-alsace.com
Laferme Demarie

La Forestière

➤ Maison d'hôtes

Catherine et Eric sont des amoureux de la montagne. En lisière de forêt, entourés d'une nature qui ne s'éteint jamais, ils construisent la maison de leurs rêves. Ils choisissent des matériaux naturels : ardoise au sol, bois massif pour le mobilier, enduits de chaux, terres cuites, mais toujours dans un esprit contemporain et cosy. Les chambres sont spacieuses et dans l'aménagement chaque détail compte. La décoration est inspirée par la vie à la montagne, des coups de coeur en brocante et des créations maisons malignes comme par exemple ces suspensions avec des moules à kougelhopf. Une parenthèse nature et déco à quelques minutes de chez soi !

La Forestière
10A chemin du Eck - 67140 Le Hohwald
03 88 08 31 08
www.laforestiere-alsace.fr
Chambres d'hôtes La Forestière - Alsace

La Mandragore

➤ Bar - Café

Ambiance cabinet de curiosités pour ce petit bar caché, à l'écart des axes principaux de la ville. Difficile de ne pas s'émerveiller. Couleurs sombres, mobilier acajou, lumières tamisées et colorées par endroits et surtout représentations d'animaux et êtres hybrides en tout genre très surréalistes ! On y va pour boire une bière ou un irish coffee, l'ambiance est conviviale, les jeunes parents y emmènent volontiers leurs enfants, bref un endroit sans chichi mais qui ne manque pas de caractère, on adore !

La Mandragore
1 rue de la Grange - 67000 Strasbourg
03 88 22 38 71
www.barlamandragore.blogspot.fr
La mandragore

Le Bouclier d'Or

➤ Hôtel

Des travaux de Titan pour remettre en état ce corps de bâtiments d'exception en plein coeur de la Petite France à Strasbourg. Une énergie et une volonté sans faille de la part de Déborah et Denis Jung qui proposent aujourd'hui un lieu raffiné un peu secret où il fait bon boire un thé, prendre un brunch ou profiter d'un spa en ville. On y retrouve le vieil escalier à vis typique Renaissance, d'anciennes peintures décoratives aux murs ou de très vieux parquets dans certaines chambres. Tous ces trésors de l'histoire sont conservés et associés à des couleurs fraîches, des tissus élégants, du mobilier d'époque. Dans la salle des petits déjeuners, les propriétaires se sont offerts un panoramique Zuber, la dernière manufacture de papiers peints à l'ancienne installée à Rixheim, un régal pour les yeux !

Le Bouclier d'Or
1 rue du Bouclier - 67000 Strasbourg
03 88 13 73 55
www.lebouclierdor.com
Le Bouclier d'Or Hotel and SPA- Strasbourg

Le Boudoir Excentrique

➤ Salon de coiffure

Un coiffeur qui ne s'oublie pas ! Une ambiance coquette et colorée très seventies. William ne manque pas d'imagination pour surprendre ses clients. Il a créé un salon de coiffure à son image. On y découvre du mobilier orange, des tapisseries à gros motifs, des miroirs et des lampes improbables ou encore des affiches vintage aux murs. Un moment d'évasion dans la bonne humeur !

Le Boudoir Excentrique
24 rue des Franciscains - 68100 Mulhouse
03 89 66 55 31
Boudoir Excentrique William-Rachel

Le Moulin

➤ Hôtel Restaurant

Dans un ancien moulin à grains sous lequel passe une rivière, Annie et François Paul ont réalisé leur rêve d'hôtel restaurant de charme. Treize chambres et junior suites sont personnalisées avec goût dans le respect de l'authentique. Dans des couleurs douces très gustaviennes, certaines chambres ont des plafonds polychromes, d'autres leur jardin. On adore la maison privative qui offre des volumes contemporains avec une ambiance très cocoon. Une décoration harmonieuse qui laisse place à la rêverie dans un écrin de verdure, une parenthèse enchantée.

Le Moulin
7 rue du Moulin – 67110 Gundershoffen
03 88 07 33 30
www.hotellemoulin.com
Hôtel le Moulin

Le Schweighof

➤ Maison d'hôtes - Gîte - Boutique Café

On vous en a déjà parlé dans la rubrique « Boutiques déco et mobilier » c'est une adresse incontournable pour les amateurs de déco scandinave. En plus de la boutique et du café, nous vous invitons à visiter ou à séjourner dans leurs chambres d'hôtes. Un coup de coeur pour l'aménagement et la décoration où l'on retrouve le très bon goût d'Emilie la propriétaire et le coup de crayon de son mari Michel, architecte, qui a conçu une partie du mobilier. Douceur du bois brut, lignes épurées, couleurs pastel, laine bouillie, draps blancs et petits détails cocoon, que de bons ingrédients pour se détendre et en prendre plein les yeux ! On aime aussi beaucoup leur gîte, style cabane au Canada au bord de l'étang, la décoration y est plutôt rétro kitch mais toujours de bon goût, idéal pour un séjour en famille.

Le Schweighof - Emilie et Michel Juen
Ferme du Schweighof - 68130 Altkirch
06 42 84 86 33
www.leschweighof.fr
www.laboutiquecafe.fr
La boutique café

Le Théâtre

➤ Restaurant

Un restaurant unique à deux pas du théâtre municipal et du Musée Unterlinden. La décoration est comme un décor de cinéma, inspirée des bars new-yorkais : brique rouge, tuyauterie apparente, grands miroirs patinés, affiches publicitaires rétro, mobilier bistro, grandes banquettes en tissu et doubles rideaux en velours rouge. Certains soirs le lieu se transforme en salle de concert autour du piano à queue. On y mange une cuisine conviviale et d'excellents hamburgers maison.

Le Théâtre
1 rue des Bains – 68000 Colmar
03 89 29 29 29
www.restaurantletheatre.net

Les Haras

➤ Brasserie

Ouverte en 2013 cette brasserie fait partie du projet de rénovation global des anciennes écuries royales. Installée sur deux niveaux on y va pour manger, boire un verre au bar ou déguster un café gourmand, mais surtout pour le plaisir d'admirer la décoration et l'escalier monumental en bois. Comme si l'impressionnante charpente se déroulait devant vous, il est à la fois massif et emprunt de légèreté. Les matériaux utilisés font écho à l'univers du cheval : cuir, crin, métal et bois. Dans une ambiance cosy, l'oeil vagabonde entre la cuisine ouverte, les tabourets Tolix du bar ou encore la charpente à nue et la fascinante yourte en cuir du premier étage. Si on tend l'oreille on perçoit encore le son des sabots et une douce odeur de cuir vous remplit les naseaux.

Les Haras
23 rue des Glacières - 67000 Strasbourg
03 88 24 00 00
www.les-haras-brasserie.com
Les Haras - Brasserie

Maison Mondrian

➤ *Maison d'hôtes*

Voilà une façade qui ne passe pas inaperçue. Irène et Jean-Luc sont des passionnés d'art et de design, ils ont réalisé l'exploit de repeindre la façade de leur immeuble en s'inspirant d'une oeuvre de Mondrian. Les couleurs utilisées sont donc les couleurs primaires : rouge, jaune, bleu, et le noir et blanc. Plutôt inhabituel pour une façade extérieure mais le résultat est très réussi et la bâtisse devient une oeuvre d'art XXL. Dans les étages, cinq chambres d'hôtes sont aménagées dans le même esprit de Mondrian avec du mobilier métal créé par Jean-Luc. Enfin, au dernier niveau, l'appartement des propriétaires dans lequel vous serez conviés si vous séjournez sur place et optez pour la table d'hôtes.

Maison Mondrian
5 rue Paille - 68100 Mulhouse
06 07 03 83 35
www.maison-mondrian.fr
Maison Mondrian

Nids des Vosges

➤ *Cabanes dans les arbres*

C'est une escapade d'un week-end, un retour à l'enfance et à la nature. Les concepts de cabanes dans les arbres ont le vent en poupe. Ici on aime le travail de décoration qui a été voulu par François Horcholle, le concepteur. Chaque cabane est unique, à différentes hauteurs mais surtout tous les détails sont là : du bois brut omniprésent, du mobilier confectionné sur mesure à partir de branches et troncs récupérés, des coussins en laine, du linge de lit blanc en coton, des accessoires de trappeur. Tout est réalisé avec finesse et sans fausses notes avec le confort en prime.

Le truc en +

Il fallait le faire : une cabane pour six dans un arbre et accessible aux personnes à mobilité réduite.

Nids des Vosges
46 route de Laveline du Houx - 88640 Champdray
06 32 93 65 74
www.nidsdesvosges.fr
Nids des Vosges

Notes de Styles

➤ Showroom déco

Une maison transformée en showroom déco imaginée par l'architecte d'intérieur Jérémy Hérard. Des couleurs, des matières et du mobilier qui évoluent avec les tendances et surtout ses coups de coeur. Au premier étage, on découvre la chambre à coucher parentale, la chambre d'amis et une grande salle de bain. L'architecte sélectionne le carrelage de ses partenaires, les peintures et les tissus d'ameublement signés par des tapissiers décorateurs avec qui il aime travailler. Au 2e étage sous les combles une cuisine ouverte sur un grand salon confortable. Travail de lumière, arts de la table, fauteuil chiné et retapissé, il pousse la déco dans ses moindres détails. Dans son bureau il vous présentera ses échantillons et vous proposera des aménagements sur-mesure pour votre intérieur. On adore ses trucs et astuces pour personnaliser votre déco tout en faisant des économies.

Notes de Styles
16 rue du Noyer - 67300 Schiltigheim
06 62 73 78 06
www.notesdestyles.com
Notes de Styles

Le truc en +

Découvrez et testez les dernières innovations dans le domaine de la domotique que Jérémy a installées dans toute la maison.

Ô Bistrot des Poussettes

➤ Café parents/enfants

Ambiance récup et tendance pour ce salon de thé un peu particulier. Ici les enfants sont rois, ils peuvent jouer et fêter leurs anniversaires pendant que papa et maman se détendent entre amis autour d'une tarte maison et d'un café bio. On adore ce concept et surtout le choix déco d'Audrey. Ici vous trouverez aussi des créations made in Alsace pour les petits et des ateliers ludiques pour petits et grands.

Ô Bistrot des Poussettes
34 avenue du Président Kennedy - 68100 Mulhouse
06 24 16 00 17
www.obistrotdespoussettes.fr
Ô Bistrot Des Poussettes

Orgelstubb

➤ Café bistrot

Un lieu hors du temps et une déco dans son jus mais qui ne manque pas de charme! Sur la place du marché, ce café bistrot sert aussi bien de bonnes tartes au fromage blanc que de succulents plats salés et en prime accueille régulièrement des concerts. Aux commandes Eveline Mahler et son mari Rémy, célèbre facteur d'orgues, dont l'atelier est attenant au restaurant. Les amoureux de vieilles pierres seront conquis: vieilles tomettes en terre cuite au sol, boiseries, tables et chaises en bois patiné par les clients et surtout des tas d'objets insolites et cocasses.

Orgelstubb
5-7 place du Marché - 67350 Pfaffenhoffen
03 88 07 75 91
www.orgelstub.fr
Orgelstubbcaférestaurant Eveline Mahler

Papa Rock Stub

➤ Restaurant Dinner

Un plongeon dans les années 50 avec, dans votre assiette, une cuisine alsacienne teintée des influences US de l'après-guerre. Carreaux à damier au sol, bar en Formica jaune, chaises en skaï, vinyles aux murs et vieux poste de radio. Les objets déco sont chinés avec soin, on aime cette perfection du concept jusque dans les tenues des serveuses et les plats sont à base de produits frais et de qualité. Même les enfants seront séduits, un coin spécial avec des jeux les attend.

Papa Rock Stub
231 route de Lyon - 67400 Illkirch-Graffenstaden
03 88 66 51 23
www.paparockstub.fr
Papa Rock Stub

Peonia at Home

➤ Maison d'hôtes

Dans leur hôtel particulier sur les hauteurs de la colline verdoyante du Rebberg, Andréa et Tony vous accueillent avec raffinement et convivialité. Dans les combles de cette maison d'inspiration Art Nouveau trois suites junior sont aménagées et décorées dans l'esprit du passé industriel textile lié à l'histoire de la ville et du lieu. De belles pièces de design et des tissus choisis avec goût s'intègrent parfaitement dans les aménagements imaginés par le couple d'architectes. En prime ils vous emmènent dans un voyage gourmand dans leur pays d'origine : l'Italie.

Peonia at Home - Andréa et Tony D'Onghia
48 boulevard Léon Gambetta - 68100 Mulhouse
03 89 81 71 05
www.peonia.fr
Peonia at HOME Bed and Breakfast

Le truc en +

Une boutique éphémère où dénicher des créations made in Alsace.

Quetsche et Mirabelle

➤ Maison d'hôtes

Le truc en +

Patricia vend ses créations en tissu et céramiques sur place. (Voir rubrique « Artisans, créateurs et designers » p. 134).

Patricia et Roger Baumgartner ont craqué pour cette charmante maison alsacienne à colombages mais pas question pour ces passionnés de rénovation et de décoration de garder les codes de l'habitat traditionnel. Dans le respect des matériaux existants et des techniques naturelles, ils ont patiné les boiseries, décapé les planchers et fait entrer la lumière dans la maison avec la couleur blanche. Une résine blanche sur le sol de la cuisine, un poêle en faïence crème dans le salon, des rideaux en lin blanc et voilà une décoration très gustavienne, élégante et raffinée. Côté chambres d'hôtes leurs promenades en forêt leur apportent des branches qui serviront de supports pour des luminaires, des patères ou du petit mobilier fait maison. Une douceur de vivre et le goût des choses simples pour une décoration intemporelle et pleine de générosité, une rencontre à faire !

Quetsche et Mirabelle - Patricia et Roger Baumgartner
13 rue du Château - 67640 Ichtratzheim
09 54 14 25 83 - 06 72 87 50 20
www.quetscheetmirabelle.com
Chambres d'hôtes Quetsche et Mirabelle

Rouge Eglantine

➤ Gîte

Nancy et Franck sont des passionnés de maisons alsaciennes, ils sont très actifs dans la défense du patrimoine et sa revalorisation. Ils sauvent une maison de la démolition en la démontant et la remontant dans leur village pour en faire un gîte authentique comme on aime. Le bois domine à l'intérieur, la cuisine est rustique mais fonctionnelle, on adore l'évier en grès, la baignoire à pieds dans la salle de bains est très romantique. Quelques plaques émaillées au mur, de charmants rideaux en kelsch, les codes de l'intérieur alsacien sont respectés mais remis au goût du jour. On aime tout particulièrement la chambre des enfants, véritable cabane sous les toits.

Rouge Eglantine - Nancy et Franck Hufschmitt
30 rue de la Fontaine - 67440 Salenthal
03 88 70 80 64 - 06 04 13 49 65
Rouge Eglantine

Villa Elyane

➤ Maison d'hôtes

Une belle maison de maître du quartier Sud de Colmar transformée en maison d'hôtes alliant la décoration art nouveau d'origine à des aménagements design. Une bonne alchimie sans fausses notes. Beaucoup de boiseries datant du début du siècle qui reprennent un coup de jeune avec les couleurs mates des murs repeints. Des vitraux de l'école de Nancy qui mettent en valeur des luminaires contemporains italiens. Les propriétaires sont des amateurs d'art contemporain et ils ont réussi à associer des oeuvres d'artistes locaux à leur décoration. Une pause colmarienne riche en culture et en histoire.

Villa Elyane
26a rue Camille Schlumberger - 68000 Colmar
09 51 85 24 77 - 06 99 04 55 23
www.villa-elyane.com
Villa Élyane

Villa Novarina

➤ Hôtel et spa urbain

Dans une maison d'architecte des années 50, Christine Claus imagine un lieu design et paisible à la décoration épurée. Tellement proche de l'agitation urbaine mais pourtant si silencieux, ce lieu se savoure un après-midi au spa ou une nuit en amoureux. On adore cette villa baignée de lumière, un fauteuil Le Corbusier, une peau de bête au sol, la pureté d'un lit blanc, une aquarelle au mur ; le charme opère. Plonger dans une piscine extérieure chauffée à 28° en hiver, quel luxe !

Villa Novarina
11 rue Westercamp - 67000 Strasbourg
03 90 41 18 28
www.villanovarina.com
Villa Novarina - Hôtel & Spa – Strasbourg

VitraHaus

➤ Showroom

Le truc en +

Des expositions thématiques sur de grands designers sont proposées au musée.

Un lieu incontournable pour les amateurs de design qu'on visite avec bonheur le temps d'une journée. La célèbre maison d'édition de mobilier design du XXe a fait construire un mini quartier dédié à l'architecture et à la création, juste à la limite des trois frontières côté allemand. Bureaux administratifs, espaces de stockage, musée, chaque bâtiment est une oeuvre d'art en soi et le plus fascinant est la Vitra Haus, le showroom de la Vitra Home Collection, signée des architectes Herzog & de Meron. On s'y promène librement pour découvrir des mises en scènes du mobilier et des luminaires, des plus célèbres chaises Eames rééditées dans toutes les couleurs, aux dernières créations des Frères Bouroullec. Si le coeur vous en dit vous pouvez faire vos achats, la marchandise vous sera livrée. Il y a également la boutique flagship et un café. Le clou du spectacle est l'atelier de fabrication du fameux Lounge Chair, seul meuble encore produit sur place. Vous pouvez même choisir le bois et le cuir qui vous plaisent, votre fauteuil sera assemblé et cousu sur place devant vous ! Le parfait privilège !

VitraHaus
Ray-Eames-Str. 1 - D-79576 Weil am Rhein - Allemagne
+49 7621 702 3500
www.vitra.com
Vitrahaus

What the Cake ?

➤ *Salon de thé*

Un petit salon de thé dans l'esprit rétro vintage qu'on aime tant. Kevin est pâtissier et à son retour de Bruxelles il décide d'ouvrir un lieu où servir des cheescakes et cookies maison, entouré de mobilier rétro et d'expos temporaires d'artistes. On aime y siroter un thé Matcha Latte sur des fauteuils moelleux en velours vert kaki entouré d'objets en rotin, de tables basses en palissandre et de flamants roses en plastique. Une ambiance comme chez mémé en toute simplicité !

What the Cake ?
51 rue du Fossé des Tanneurs - 67000 Strasbourg
03 69 08 21 41
www.whatthecake.fr
What The Cake ?

D
6
X
7

INDEX ALPHABÉTIQUE

D
6
X
7

INDEX GÉOGRAPHIQUE

Nous remercions toutes ces formidables adresses
sans lesquelles ce livre n'aurait aucune raison d'être.
Merci pour vos informations, vos photos et votre talent.

Nous remercions Christian Riehl, notre éditeur, d'avoir cru en notre projet,
de nous avoir suivies et de nous avoir donné les moyens de réaliser ce bel ouvrage.

Merci à Anthony pour son professionnalisme exigeant et son amitié.

Merci à Dorothée d'avoir compris notre projet
et de l'avoir illustré avec tant de finesse.

Merci à nos conjoints et à nos familles pour leur soutien et leur patience.

ÉDITIONS DU SIGNE

Éditions du Signe
1 rue Alfred Kastler
BP 10094 – Eckbolsheim
67038 STRASBOURG CEDEX
Tél : +33 (0) 3 88 78 91 91
Fax : +33 (0) 3 88 78 91 99
www.editionsdusigne.fr
email : info@editionsdusigne.fr

Auteures : Caroline Boeglin - Valérie Dellenbach-Haemmerlin
Illustrations : Dorothée Jost
Direction artistique et maquette : Anthony Kinné
Photogravure : Laetitia Rolland - 109870

Dépôt légal : 2e trimestre 2015
ISBN : 978-2-7468-3250-3
Imprimé en U.E.